지구를 움직이는 물의 비밀

지구를 움직이는 물의 비밀

초판 1쇄 펴낸날 | 2025년 4월 30일
초판 2쇄 펴낸날 | 2025년 10월 30일

지은이 | 사라 가레, 마리케 위스망스
그린이 | 웬디 팬더스
옮긴이 | 윤영
펴낸이 | 양승윤

펴낸곳 | (주)와이엘씨
출판등록 | 1987. 12. 8. 제1987-000005호
주소 | 서울특별시 강남구 강남대로 354 혜천빌딩 15층
전화 | 02-555-3200
팩스 | 02-552-0436
홈페이지 | www.aladinbook.co.kr

ISBN 978-89-8401-499-2 73400
값 14,800원

알라딘 북스는 (주)와이엘씨의 어린이 책 출판 브랜드입니다.

	① 품명 : 지구를 움직이는 물의 비밀	⑦ 사용연령 : 7세 이상
공통안전기준 표시사항	② 제조자명 : 알라딘북스	⑧ 취급상 주의사항
	③ 주소 : 서울시 강남구 강남대로 354	• 종이에 베이지 않도록 하세요.
	④ 연락처 : 02-553-9761	• 책의 모서리가 날카로우니 던지거나 떨어뜨려 다치지 않도록 주의하세요.
	⑤ 제조년월 : 2025년 10월	
	⑥ 제조국 : 대한민국	⑨ KC마크는 이 제품이 공통안전기준에 적합하였음을 의미합니다.

글 사라 가레
벨기에 농수산 식품 연구소 ILVO의 연구원이자 리에주 대학교 교수입니다. 작가는 지구에서 물이 얼마나 소중한지, 그리고 우리가 물을 더 잘 관리할 수 있는 방법이 무엇인지 알리기 위해 열심히 노력하고 있습니다.

글 마리케 위스망스
벨기에 브뤼셀 자유 대학교와 루벤 가톨릭 대학교의 교수입니다. 작가는 우리 발밑에 있는 땅속에 물이 있다는 사실과 그 물의 비밀에 마음을 온통 빼앗겼다고 합니다.

그림 웬디 팬더스
일러스트레이터이자 그래픽 디자이너입니다. 어린이들을 위한 그림책과 정보를 주는 유익한 책에 삽화를 그리는 걸 좋아합니다.

옮김 윤영
서울대학교 미학과를 졸업하고 같은 대학원에서 고고미술사학과를 수료했습니다. 현재 번역 에이전시 엔터스코리아에서 출판기획자 및 전문번역가로 활동 중입니다. 그동안 옮긴 책으로, 『알면 알수록 신비로운 우리 몸』, 『광활한 우주 대탐험: 행성과 은하계를 넘어』, 『고양이가 소파에서 절대 내려오지 않는 이유』, 『축구 양말을 신은 의자』 등이 있습니다.

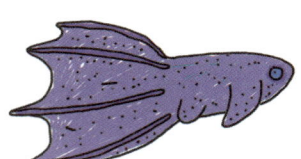

© 2021, Lannoo Publishers. For the original edition.
Original title: Het grote waterboek. Van zwetende planten tot verwoestende tsunami's.
Translated from the Dutch language
www.lannoo.com
© 2025, YLC Inc. For the Korean edition.
Translation arranged through Icarias Agency, Seoul, South Korea

이 책의 한국어판 저작권은 이카리아스 에이전시를 통해
Lannoo Publishers와 독점 계약한 도서출판 (주)와이엘씨에 있습니다.
저작권법에 의해 한국 내에서 보호를 받는 저작물이므로 무단 전재와 복제를 금합니다.

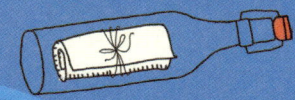

어린이 책을 쓰는 것은 학생 시절부터 제가 꿈꿔 오던 일이었습니다.
깨끗한 물을 이용하는 것이 점점 더 어려워지는 세상이 되면서
저는 제 꿈을 실현시킬 때가 왔다고 느꼈습니다.
나 자신과 사랑하는 수와 울프, 그리고 아주 흥미로운 물질,
물에 대해 더 알고 싶은 사람들을 위해서 말이죠.
이 책이 나올 수 있게 도움 주신 출판사 란누의 소피 반 산데
그리고 함께 글을 써 주신 마리케 위스망스,
그림을 그려 주신 웬디 팬더스에게 깊은 감사를 전하고 싶습니다.
저는 어린이 여러분이 이 책에서 물에 대해
궁금해했던 것을 모두 찾을 수 있기를 바랍니다.
또한 이 책을 읽으며 놀랍고 신기한 물의 세계에 대해
더 깊이 알고 싶다는 마음이 샘솟길 바랍니다!

사라 가레

생명을 불어넣는 물

여러분은 여름을 좋아하나요? 여러분에게 '좋은 날씨'란 무엇인가요? 대부분의 사람들은 오랫동안 비가 내리지 않는 따뜻하고 화창한 날씨를 좋아하죠. 친구들과 수영하러 갈 수 있고, 바닷가로 놀러 갈 수도, 맛있는 아이스크림을 먹을 수도 있으니까요! 하지만 그래도 비는 꼭 필요해요! 가뭄은 심각한 문제를 일으킬 수 있거든요. 역사학자들은 물 부족이 중앙아메리카의 마야 문명 같은 주요 문명의 몰락에도 영향을 끼쳤다고 생각합니다. 그래서 물은 지구에 사는 우리 모두에게 매우 중요합니다.

수상 스포츠
다양한 휴가 활동에 물이 필요해요. 수영, 다이빙, 보트나 카약 타기, 낚시까지. 뿐만 아니라 골프장 잔디 유지에도 물은 필수죠. 물 덕분에 휴가를 재미있게 보낼 수 있어요!

농업
튀김용 감자, 국에 들어가는 채소, 빵을 만드는 곡물 모두 물이 있어야 키울 수 있어요. 물이 충분하면 농작물이 잘 자라지만, 물이 부족하면 우리 모두가 먹을 수 있을 만큼 충분한 식량을 키울 수 없습니다.

푸른 행성

아침이면 씻기 위해 수도꼭지를 틉니다. 그러면 바로 물이 나오죠. 너무나 당연해 보이지만, 사실 이건 굉장히 특별한 일입니다. 지구의 4분의 3은 물로 이루어져 있어요. 그만큼 물이 많기 때문에 우주비행사가 우주선에서 바라본 지구는 매우 푸르다고 해요. 하지만 지구의 크기에 비교하면 바다는 그리 깊지 않아요. 지구 표면에만 물이 얇은 층을 이루고 있거든요. 그러므로 아무리 푸른 행성이라 해도 물은 소중하답니다. 지구는 태양에서 1억 5천만 킬로미터 떨어져 있어요. 그 거리 때문에 우리 행성은 너무 뜨겁지도 너무 차갑지도 않습니다. 바다가 존재할 수 있는 이유도 그 때문이고요. 지구가 태양에 조금만 더 가까웠더라면 물은 즉시 증발해서 사라질 거예요. 반대로 조금만 더 멀었더라면 너무 추워서 물이 얼음 형태로만 존재할 거예요. 아무도 확실하게 말하지는 못하지만, 많은 과학자들은 지구에 액체 상태의 물이 사라지면 어떤 생명체도 존재할 수 없다고 생각합니다.

물이 있는 천체는 우리 지구뿐인가요?
아니에요. 달에서 얼음이 발견되기도 했고, 화성에서 물의 흔적을 찾아내기도 했어요. 또, 목성과 토성 주위를 도는 위성들에는 두꺼운 얼음 층 아래 아주 깊은 바다가 있다고 해요.

지구엔 얼마나 많은 물이 있나요?
13억 5천만km³ 이상의 물이 있어요.

138억 년 전
빅뱅
우주의 역사가 시작되다.

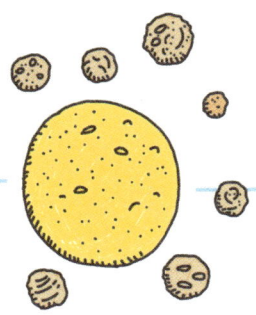

45억 4천만 년 전
지구가 형성되지만
아직 바다는 없다.

물이 있는 혜성과 소행성이
지구로 쏟아지다.

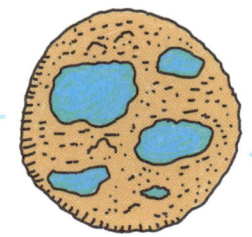

38억 년 전
지구에 바다가 생기지만
지금과는 그 위치가 다르다.

5억 년 전
점점 더 많은 동물 종들이
바다를 정복하다.

6억 5천만 년 전
바다가 얼어붙고 땅이
얼음으로 뒤덮이다.

11억 년 전에서 9억 년 전
사이, 모든 대륙이 모여 초대륙
로디니아를 형성하다.

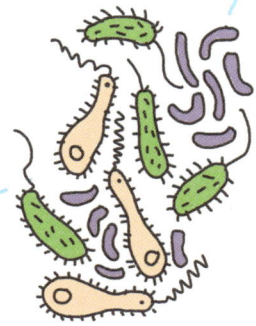

37억 년 전
지구상에 생명체가
나타났지만, 오랫동안 지구에는
박테리아뿐이다.

동물들이 물속뿐 아니라
땅에서도 살게 되다.

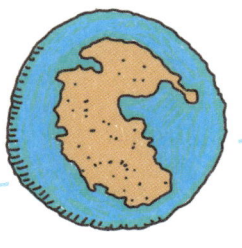

2억 9천 9백만 년 전
새로운 초대륙,
판게아가 형성되다.

식물이 땅에서 자라기
시작하며 지구가 푸르게
변하다.

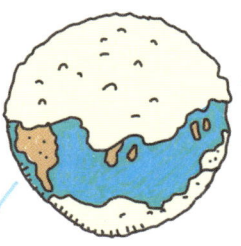

빙하기 동안 두꺼운 얼음이
지구를 뒤덮다.

6천 6백만 년 전
공룡이 멸종하다.

2억 5천 2백만 년 전
공룡이 지구를 차지하다.

매머드가 즐거운 시간을 보내다.

2만 5천 년 전,
마지막 빙하기가 끝나다.

지구의 물은 어디에서 온 걸까요?
지구에 생명체가 존재하기 전, 수백만 개의 거대한
얼음덩어리가 지구로 떨어졌어요. 과학자들은
지구에 있는 거의 모든 물이 여기에서 시작되었다고
생각하지만, 100퍼센트 확신할 수는 없어요.

바다

여러분은 물을 떠올리면 짠 바닷물이 생각나지 않나요? 바닷물과 비교하여 호수, 강, 빙하, 빗물 같은 염분이 없는 담수는 상대적으로 그 양이 매우 적어요. 우리가 쉽게 볼 수 있는 파도 아래 바다에는 높은 산과 깊은 계곡으로 이루어진 이상하고 신기한 세계가 펼쳐져 있어요. 그곳에도 육지처럼 온갖 식물과 동물이 살고 있죠. 아주 작은 동물도 살고 아주 큰 동물도 살아요. 지구에서 가장 큰 동물은 대왕고래로, 무려 몸길이가 30미터까지 자랄 수 있어요. 버스 두 대를 이어붙인 것만큼이나 긴 길이예요!

대왕고래

지구에는 태평양, 대서양, 인도양, 북극해, 남극해라는 다섯 개의 큰 바다가 있고 서로 연결되어 있어요. 큰 바다는 매우 깊고 어둡기 때문에 우리는 아직도 그곳에 대해 잘 알지 못해요. 과학자들은 우리가 바다의 20분의 1밖에 탐사하지 못했다고 말해요. 오늘날 우리가 살고 있는 지구의 바다보다 우주와 다른 행성에 대해 더 많이 알고 있다는 것은 정말 놀라운 일이에요!

앵글러피시

은상어

열수분출공

흡혈오징어

석회암으로 이루어진 심해 열수

해삼

바다가 기후에 중요한 역할을 하나요?
바다는 기후의 영웅이에요. 자동차와 공장이 공기 중으로 내뿜는 가스 대부분을 바다가 저장하거든요. 안타깝게도 이로 인해 수질이 변하고, 그런 변화 때문에 바다에 사는 조개류와 식물이 살아남기 힘들기도 합니다.

바다와 대양은 같은 건가요?
바다란 짠물이 차 있는 넓은 지역으로 다른 바다나 대양과 연결되어 있어요. 대양은 아주 큰 바다를 말해요. 예를 들어, 북해는 유럽 북서부의 대서양 가장자리에 있는 바다로 3면이 육지로 둘러싸여 있죠. 벨기에와 네덜란드의 국경은 북해와 만나고 있고, 이 북해는 북대서양을 향해 깔때기처럼 열린 모양이에요. 또, 동해는 우리나라 동쪽에 있는 바다인 동시에 태평양의 서쪽 가장자리에 위치하고 있어요.

사람들은 바다를 어떻게 이용하나요?
바다에서 얻을 수 있는 게 물고기만 있는 건 아니에요. 도로를 만들 때 쓰는 모래를 얻기도 하고, 미용 제품도 만들지요. 또, 우리의 부엌에서 늘 사용하는 소금도 얻지요. 바다에서 얻은 물질로 암 치료제까지 만든다는 것을 알고 있나요? 바다에서 얻은 규산은 치약에도 들어가니, 다음에 양치질할 때 이 사실을 기억해 주세요.

지구에서 가장 깊은 바다는 어디인가요?
지구에서 가장 깊은 수중 지점은 태평양에서 찾을 수 있어요. 필리핀 동쪽에 있는 마리아나 해구는 그 깊이가 대략 11킬로미터예요. 하지만 이것도 대략적으로 추측해서 얻은 수치라고 해요. 잠수함과 측정 장비를 내리누르는 바닷물의 압력 때문에 바닥의 깊이를 측정하는 게 매우 어렵기 때문입니다.

조수란 무엇인가요?
바다가 어떤 때에는 해변에서 가까워졌다가 어떤 때에는 한참 멀어진다는 걸 알고 있나요? 그건 바로 조수, 즉 만조와 간조 때문이에요. 지구 주변을 도는 달이 바닷물을 끌어당기기 때문에 바닷물도 앞뒤로 움직이는 것이죠. 바닷물이 차오르는 것을 만조, 다시 빠져나가는 것을 간조라고 해요. 그런데 태양 역시 지구의 물을 끌어당겨요. 태양과 달이 같은 방향에서 바닷물을 끌어당길 때를 사리라고 부르며, 이때는 수위가 너무 높아져서 위험할 수도 있어요.

물은 무엇인가요?

컵에 담긴 물은 그 자체로 색깔도, 냄새도 없어요. 냉동실에 넣으면 얼음이 되고, 가스레인지에서 끓이면 수증기로 변하죠. 정확히 물은 뭘까요? 물은 아주 작은 입자로 이루어진 구조입니다. 우리는 이 입자를 분자라고 부르죠. 물 분자는 산소 원자(O)와 두 개의 작은 수소 원자(H), 이 두 가지 유형의 원자로 구성됩니다. 그래서 과학자들은 물을 H_2O라고 부릅니다. 논리적이죠?

물은 다양한 형태로 변할 수 있어요. 0도보다 차가워지면 얼음이 되죠. 이때 물병이 깨지지 않는지 지켜봐야 해요. 얼음은 액체 상태의 물보다 부피가 더 크니까요. 그러니 뚜껑을 꽉 닫은 물병을 냉동실에 넣으면 병이 깨질 수도 있어요. 한편 100도 이상으로 뜨거워지면 물은 끓기 시작합니다. 물 분자가 하나씩 수증기로 변하면서 공기 중에 떠오르기 때문에 끓는 물 표면에는 거품이 생겨요. 얼음은 물로 변하는 과정 없이 바로 수증기로 변할 수도 있어요. 이것을 승화라고 부른답니다.

왜 산에서는 물이 더 빨리 끓을까요?
산에 올라가면 평소보다 물이 더 빨리 끓어요. 100도보다 낮은 온도에서도 물이 끓습니다. 그래서 감자를 삶아도 빨리 물렁해지지가 않아요. 그 이유는 바로 고도가 높은 곳에서는 기압이 낮아져 물의 끓는점 역시 살짝 낮아지기 때문이에요. 기압은 우리와 우리 주변의 모든 것을 내리누르는 공기의 힘을 말합니다. 우리가 더 높이 올라갈수록 공기의 양이 적어져 이 힘은 약해지죠. 그래서 알프스 같은 높은 산에 올라가면 물은 이미 90도에서 끓습니다.

바닷물은 왜 투명하지 않나요?
바닷물은 파란색으로 보일 때가 많습니다. 그건 빛 때문이에요. 빛은 그냥 보기엔 흰색이지만, 그 안에는 온갖 다양한 색이 들어 있어요. 물은 파란빛보다 빨간빛을 100배 더 흡수하고 빨간빛보다 파란빛을 5배 더 흩어지게 합니다. 즉 물이 빨간빛은 흡수하고 파란빛은 반사시키기 때문에 우리 눈에는 바다가 파랗게 보이는 거예요. 다만 이런 효과는 물이 5미터 이상 깊을 때에만 확실히 드러나지요.

바닷물을 마실 수 있게 만들 수 있나요?
사우디아라비아처럼 아주 건조하고 더운 나라에는 사막에 사는 사람들에게 마실 물을 공급해 주는 공장이 있어요. 이 공장에서는 바닷물을 끓여 수증기를 만들어 내는데, 수증기를 응결시키면 액체, 즉 물이 되어 식수를 얻을 수 있어요. 바닷물이 있던 곳에는 소금이 남게 되지요. 안타깝게도 이렇게 물을 끓이려면 에너지가 무척 많이 필요합니다.

물의 순환

얼굴에 빗방울이 떨어지는 것을 느낀 적이 한 번쯤은 있을 텐데, 그 빗물이 어디에서 오는 건지 알고 있나요? 떨어지는 빗물은 새로운 물이 아니에요. 물은 늘 우리 주변에 있어요. 그리고 물의 순환이라는 끊임없는 과정 속에서 물은 돌고 도는 여행을 하고 있어요.

바다 그리고 호수, 연못 물은 따뜻한 햇빛을 받으면 증발합니다. 증발한 수증기는 공기 중으로 올라가다가, 더 높은 곳에서 차가운 공기층을 만나면 수많은 물방울이 뭉쳐진 구름이 됩니다. 구름이 되고 나면, 다시 비나 우박, 눈의 형태로 땅으로 떨어지게 되죠.

대부분의 빗방울이 바다로 돌아가지만, 육지에 떨어지는 빗방울도 많습니다. 그럼 땅으로 떨어진 빗방울들, 빗물은 어떻게 될까요? 땅 위 혹은 땅속의 물 대부분은 햇빛 때문에 다시 증발됩니다. 날씨가 따뜻할수록 증발은 더 잘 되겠죠.

식물도 빗물을 많이 마셔요. 뿌리가 땅속에서 빨아들인 물은 다시 잎을 통해 공기 중으로 돌아갑니다. 우린 이 과정을 증산이라고 불러요. 사실 식물도 사람처럼 땀을 흘린답니다.

빗물의 일부는 땅 위를 흘러서 개울과 강으로 들어갑니다. 이 물은 결국 바다까지 가게 되겠죠.

빗물의 일부는 땅속으로 스며듭니다. 이것을 우리는 침투라고 부릅니다. 침투는 땅속 깊이 저장되어 있는 지하수에 매우 중요해요. 지하수는 매우 천천히 흐르지만 이 물도 결국 강과 바다로 흘러 들어가게 됩니다.

바다로 돌아온 물은 다시 증발을 하고, 또다시 물의 순환이 시작됩니다. 그리고 또다시, 또다시…. 쉴 새 없이 거듭해서 이루어집니다.

증발
따뜻한 햇빛 때문에 물이 증발해서 기체가 됩니다.

바닷물은 왜 짠가요?
담수는 산에서부터 강을 지나 바다로 가는 과정에서 조금씩 더 짜집니다. 왜냐하면 물이 오랜 기간 땅 위와 땅속을 넘나들며 여행하는 동안 땅속 소금기를 흡수하기 때문이에요. 그리고 강과 호수, 특히 바다에서 담수의 일부가 증발하더라도 그 안의 소금은 증발하지 않고 남게 됩니다. 결국 소금은 바다 밑바닥으로 가라앉거나 바닷가에 쌓이게 됩니다. 바다에서 얻은 소금을 음식에 넣으면 맛이 좋아져요! 다음에 슈퍼마켓에 가거든 천일염이 있는지 한번 둘러보세요!

어디에나 있는 물

우리는 물을 마시고, 물로 요리를 하고, 목욕이나 샤워를 할 수도 있어요. 변기 물을 내릴 때 쓰기도 하고, 정원의 식물에게 줄 수도 있어요. 농부들은 가축들에게 물을 먹이기 위해, 그리고 곡식을 기르기 위해 물이 필요해요. 공장에서도 기계를 식힐 때, 맥주나 탄산음료를 만들 때 또는 트럭을 세차할 때 등 많은 양의 물을 사용합니다.

그런데 이 물은 모두 어디에서 오는 걸까요? 우선 강이나 호수에서 물을 얻을 수 있어요. 우린 이걸 지표수라고 불러요. 쉽게 얻을 수 있기 때문에 배로 물건을 운반할 때, 발전소의 기계를 식힐 때, 밭에 물을 댈 때, 식수를 만들 때 등 다양한 방법으로 사용합니다. 하지만 지표수의 양은 늘 일정하게 유지되지 않아요. 비가 많이 온 뒤라면 강이 물로 넘쳐나겠지만, 비가 오지 않는 기간이 오래 지속되면 강에 물이 거의 없습니다. 이런 때는 강에서 많은 물을 얻기 힘들어요. 게다가 우리가 물을 다 써 버리면 그곳에 사는 동물들의 생명이 위험해질 수도 있어요.

땅속에도 많은 양의 물이 있어서, 우리는 그 지하수를 펌프로 길어 올려 사용하지요. 미국에서 소비하는 식수의 약 35퍼센트는 지하수라고 해요. 지하수는 가장 깨끗한 물을 얻을 수 있는 방법 중 하나예요. 이외에도 전 세계 곳곳에서 다양한 물을 볼 수 있어요!

이탄 습지(네덜란드)

광산 분화구에 고인 물 (벨기에)

사막 동굴 웅덩이, 데블스 홀 (미국 네바다주)

나이아가라 폭포(미국/캐나다)

급수탑(벨기에)

블타바 강(체코)

지고쿠다니 온천(일본)

천연 샘, 세노테(멕시코)

간헐천(아이슬란드)

뵈스만스가트 담수 동굴
(남아프리카)

온천수가 흐르는 파묵칼레
(튀르키예)

페리토 모레노 빙하
(아르헨티나)

네스 호(스코틀랜드)

간척지(네덜란드)

지하수는 바로 마셔도 될까요?
땅속 깊이 있는 지하수는 종종 굉장히 깨끗해요. 그래서 별다른 정수 과정 없이 식수로 사용할 수도 있어요. 하지만 얕은 지하수에는 불순물이 많아요. 예를 들어, 밭에 뿌린 거름에서 오물이 나올 수 있고, 잡초나 쥐를 없애려고 쓴 화학물질과 공장이나 가정에서 흘러나온 폐기물이 섞여 있을 수 있거든요.

집에서 빗물을 얼마나 사용할 수 있나요?
집에 빗물 받는 물통이나 물탱크가 있으면, 집과 마당에서 사용하는 물의 절반 정도를 수돗물 대신 빗물로 사용할 수 있어요. 이렇게 사용하면 물을 절약할 수 있어 환경에 매우 좋습니다!

변기 물을 내리고 빨래와 설거지를 하고 세차를 하고 마당의 식물에 물을 줄 때 빗물을 사용할 수 있어요. 지붕으로 떨어진 물을 배수관을 통해 지하에 설치한 물통이나 물탱크로 보내요. 그곳에 물을 보관해 두었다가 필요할 때마다 쓴다면, 소중한 물을 낭비하지 않을 거예요.

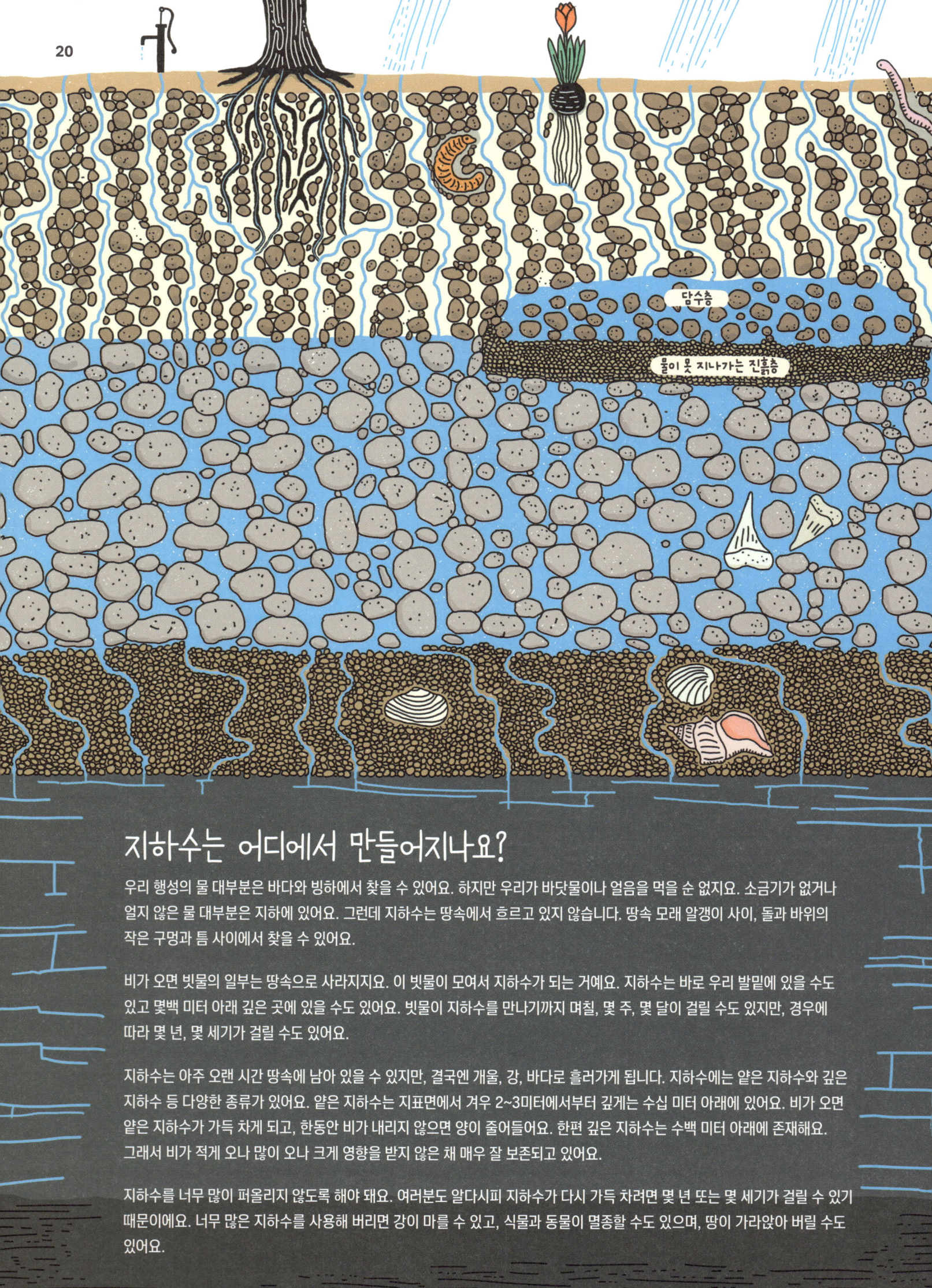

지하수는 어디에서 만들어지나요?

우리 행성의 물 대부분은 바다와 빙하에서 찾을 수 있어요. 하지만 우리가 바닷물이나 얼음을 먹을 순 없지요. 소금기가 없거나 얼지 않은 물 대부분은 지하에 있어요. 그런데 지하수는 땅속에서 흐르고 있지 않습니다. 땅속 모래 알갱이 사이, 돌과 바위의 작은 구멍과 틈 사이에서 찾을 수 있어요.

비가 오면 빗물의 일부는 땅속으로 사라지지요. 이 빗물이 모여서 지하수가 되는 거예요. 지하수는 바로 우리 발밑에 있을 수도 있고 몇백 미터 아래 깊은 곳에 있을 수도 있어요. 빗물이 지하수를 만나기까지 며칠, 몇 주, 몇 달이 걸릴 수도 있지만, 경우에 따라 몇 년, 몇 세기가 걸릴 수도 있어요.

지하수는 아주 오랜 시간 땅속에 남아 있을 수 있지만, 결국엔 개울, 강, 바다로 흘러가게 됩니다. 지하수에는 얕은 지하수와 깊은 지하수 등 다양한 종류가 있어요. 얕은 지하수는 지표면에서 겨우 2~3미터에서부터 깊게는 수십 미터 아래에 있어요. 비가 오면 얕은 지하수가 가득 차게 되고, 한동안 비가 내리지 않으면 양이 줄어들어요. 한편 깊은 지하수는 수백 미터 아래에 존재해요. 그래서 비가 적게 오나 많이 오나 크게 영향을 받지 않은 채 매우 잘 보존되고 있어요.

지하수를 너무 많이 퍼올리지 않도록 해야 돼요. 여러분도 알다시피 지하수가 다시 가득 차려면 몇 년 또는 몇 세기가 걸릴 수 있기 때문이에요. 너무 많은 지하수를 사용해 버리면 강이 마를 수 있고, 식물과 동물이 멸종할 수도 있으며, 땅이 가라앉아 버릴 수도 있어요.

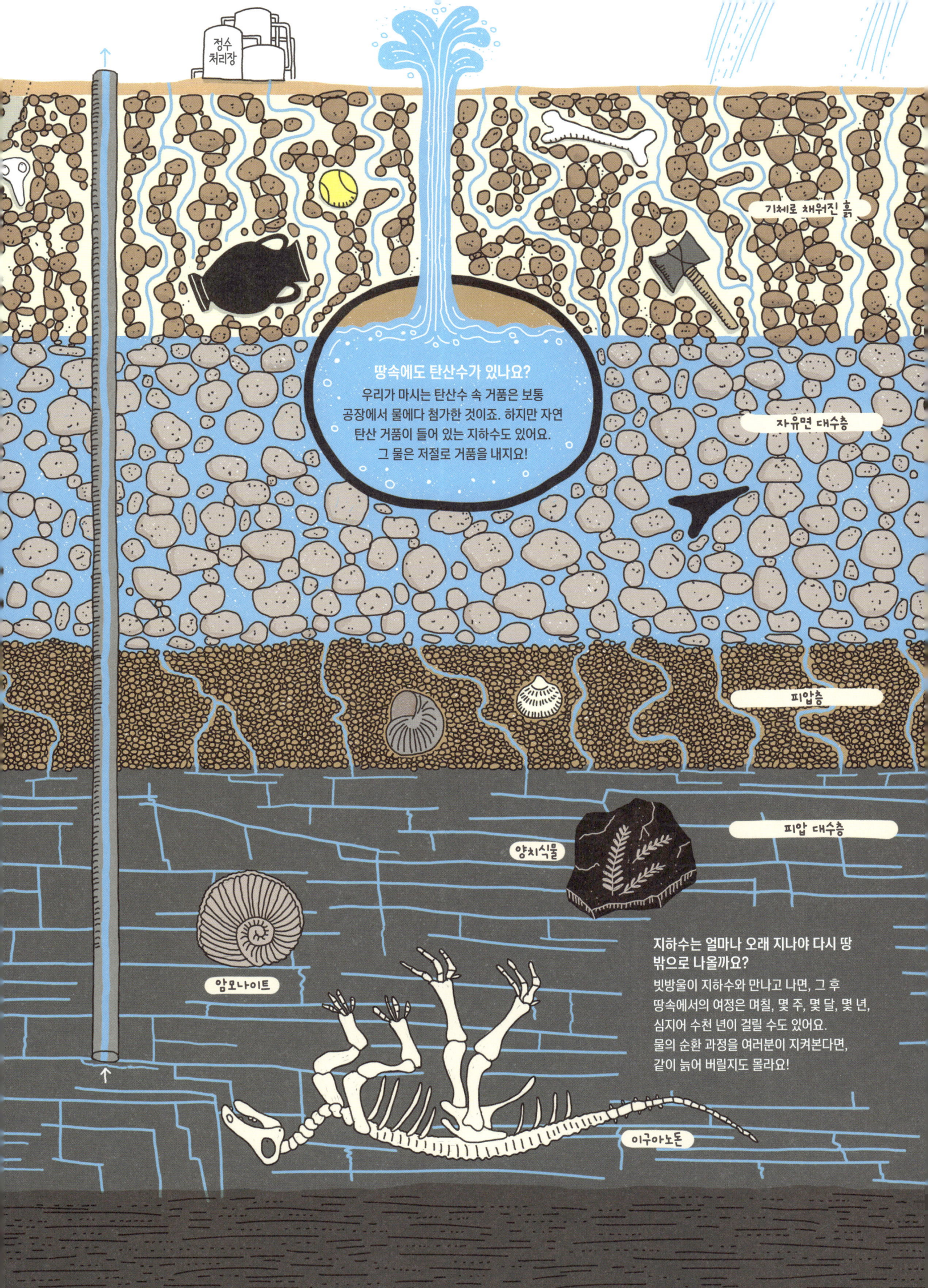

지하수는 어떻게 찾나요?

이제 지하수가 무엇인지도 알았고, 지하수가 어떻게 채워지는지도 알게 되었어요. 그런데 지하수를 어떻게 찾는지는 아직 모르죠? 사실 우리는 발아래 깊은 곳에 물이 있는지 없는지 눈으로 볼 수가 없어요. 그렇지만 인간은 수천 년 동안 지하수를 사용해 오고 있답니다.

주변 풍경은 물을 찾을 수 있는 좋은 정보를 우리에게 주고 있어요. 산꼭대기보다는 계곡에서 지하수를 찾게 될 가능성이 높아요. 또, 물을 좋아하는 나무나 식물, 예를 들어 버드나무나 갈대를 보고 지하수가 있는 곳이라는 걸 알아차릴 수도 있어요.

그럼 지하수는 어떻게 끌어올릴까요? 쉽지는 않아요! 우선 아래 보이는 지질도를 확인해서 암석의 구조나 분포를 확인해야 해요. 파려고 하는 장소에 어떤 종류의 흙과 돌이 층층이 쌓여 있는지 알아내는 거죠. 그런 다음 구멍이나 홈이 많은 돌이 모여 있는 곳을 찾아야 해요. 그래야 물이 쉽게 통과할 수 있어서 펌프로 물을 끌어올리기 좋아요.

자, 지하수를 찾았나요? 이제 작업을 시작할 차례입니다. 드릴을 이용해서 땅에 깊은 구멍을 뚫어요. 100미터는 기본이죠! 그런 다음…. 펌프로 물을 끌어올려요!

함께 해 봐요!

- 다음에 바닷가에 가게 된다면 꼭 삽을 챙기세요.
- 구멍을 파기 좋은 장소를 찾아요.
- 한참 후 구멍 안에 물이 생긴다면 여러분이 지하수를 찾은 거예요!

집이 가라앉을 수도 있나요?

땅이 마르면 땅속 점토가 수축할 수 있어요. 만약 이렇게 수축하는 점토가 있는 지점에 집을 지었다면 집 한쪽이 가라앉을 수도 있고 벽에 금이 생길 수도 있어요. 조심하세요!

우주에서 지하수를 볼 수 있나요?

땅속에 모여 있는 지하수를 물병이라고 생각해 보세요. 물이 꽉 차 있는 물병은 무거워요. 하지만 물이 반만 차 있으면 물병도 가벼워지겠죠. 지구 밖 그레이스 위성은 땅의 무게 변화, 중력 변화를 통해 우주에서도 지하수 저장량을 알 수 있어요.

땅속에 있는 물을 찾기 위해 전기를 이용하는 방법이 있나요?

지하수를 찾는 연구원들은 금속 막대를 이용해 땅속에 전기를 흘려보내요. 전기는 공기 중에서보다 물속에서 더 잘 흐르기 때문에 탐지기가 있으면 이걸 바로 확인할 수 있어요. 물이 있는 곳은 훨씬 강한 전류가 측정되는 거죠. 정말 편리한 방법이에요!

기후에서 물의 역할

왜 어떤 곳은 다른 곳보다 비가 많이 올까요? 왜 바다 근처 기후는 산이나 내륙의 기후와 다를까요?
그리고 기후란 정확히 무엇일까요?

기후란 일정한 지역에서 여러 해 동안 측정한 날씨를 말합니다. 날씨는 특정 장소와 시간의 기온, 바람, 구름의 양, 강우량, 강설량을 말하는 거고요. 기후는 매년 여러분이 옷가게에서 어떤 옷을 사야 할지 알려 줍니다. 한편 날씨는 매일 여러분이 어떤 옷을 골라 입어야 할지 결정하게 해 줍니다. 따라서 기후는 전 세계의 특정 지역에서 예상되는 날씨입니다.
태양의 열, 따뜻하거나 차가운 공기층, 육지에 반사되는 햇빛 등 기후를 결정하는 요소는 무척 많아요.

지구의 물은 비를 내리게 할 뿐만 아니라 태양열을 저장하는 매우 중요한 역할도 하지요. 물은 땅보다 더 천천히 데워집니다. 그래서 햇빛이 뜨거운 날 길거리보다 수영장 근처가 더 시원한 거예요. 그리고 여름에는 해안에서 많이 떨어진 곳보다 바닷가가 조금 더 시원하지요. 겨울에는 그 반대가 됩니다. 바다가 육지보다 더 천천히 식기 때문에 바다 근처가 늘 조금 더 따뜻하답니다.

바닷속 어마어마한 양의 물은 지구 한쪽에서 다른 쪽으로 늘 흘러가고 있어요. 여러분이 만약 물고기라면 따로 헤엄치지 않아도 그 흐름에 몸을 맡겨 이동할 수도 있을 거예요. 이런 물의 흐름, 즉 해류는 따뜻한 지역의 열을 추운 곳으로 옮겨 주기도 합니다. 이런 해류와 가까이 위치한 나라들은 멀리 떨어져 있는 나라보다 늘 몇 도 정도 더 따뜻하지요.

- A 열대 기후
- B 건조 기후
- C 온대 기후
- D 냉대 기후
- E 한대 기후

특정 지역에서는 산맥 역시 기후에 중요한 역할을 합니다. 높은 산맥이 있는 경우 한쪽은 비가 많이 오고 반대쪽은 비가 매우 적게 오는 걸 볼 수 있어요. 공기는 땅에서부터 몇 킬로미터 위로 올라가면서 여러 층으로 이루어지는데, 이 공기층은 높이 올라갈수록 점점 더 차가워집니다. 바다에서 바람을 타고 불어온 습한 공기는 길을 막고 있는 높은 산 때문에 낮고 따뜻한 공기층에서부터 높고 차가운 공기층까지 이동을 해야 해요. 차가운 공기층을 만난 습한 공기 속 수증기는 물로 변하죠. 공기 속 물방울이 구름을 만들어 내고 비가 되어 내리기 시작합니다. 그러다 보니 산맥 좌우로 습한 지역과 건조한 지역이 나뉘게 되지요. 이렇게 바람이 불어오는 방향의 산 반대편 쪽은 강수량이 적은데, 이 지역을 비그늘이라고 부릅니다.

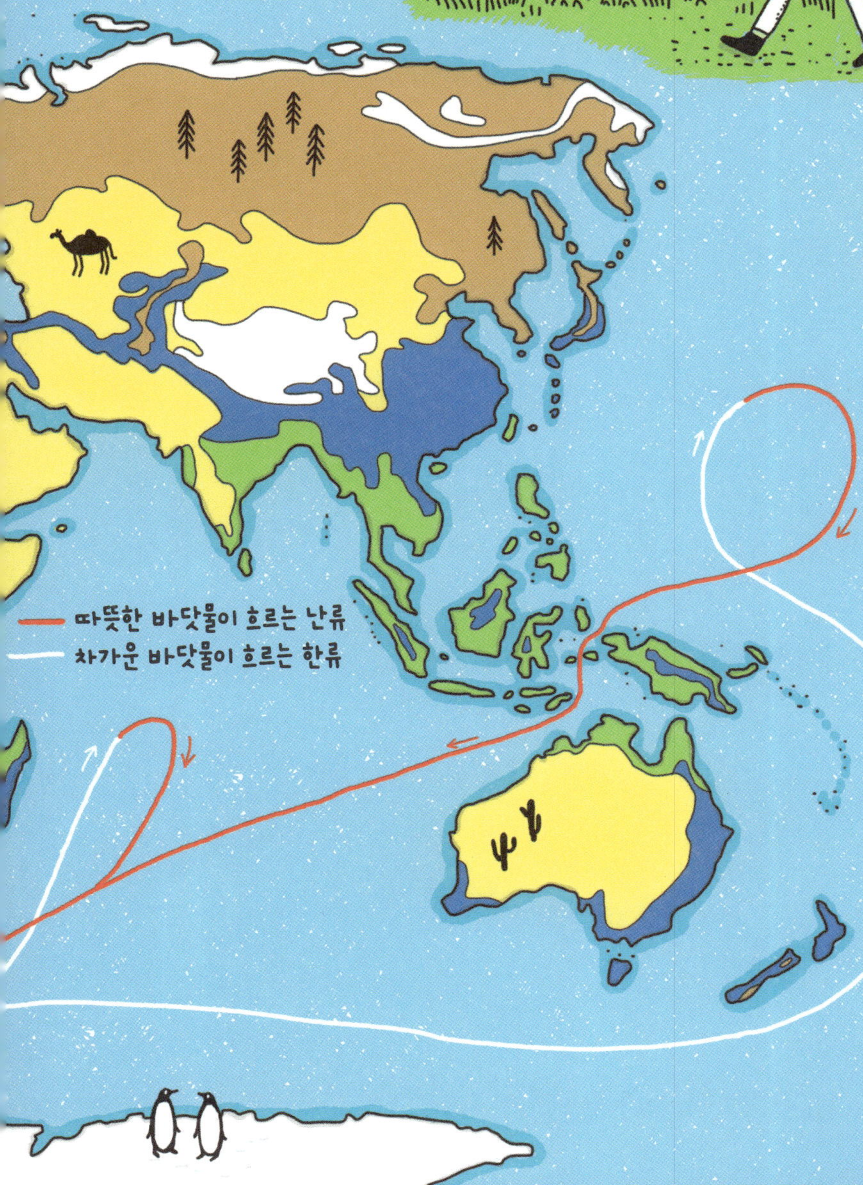

블라디미르 쾨펜은 누구이며 기후와 어떤 관련이 있나요?

지구의 다양한 기후를 설명하기 위해서는 하나의 체계가 필요했는데, 블라디미르 쾨펜이 맨 먼저 5가지 기후를 생각해 냈어요. 그런데 기후 이름은 단순히 A, B, C, D, E라고 지었어요. 그는 한 지역의 온도, 강수량, 자라는 식물 종을 지표로 삼아 그곳의 기후를 5가지 중 하나로 분류했습니다. 오늘날까지도 우리는 그가 만든 기후 분류 체계를 사용하고 있어요. 어떤 기후가 있는지 궁금하면 용어 사전을 살펴보세요.

— 따뜻한 바닷물이 흐르는 난류
— 차가운 바닷물이 흐르는 한류

물과 날씨

밖에 비가 오나요? 장화랑 우산이 어디 있을까요? 우린 대부분 비에 익숙하지만 하늘에서 떨어지는 물은 그 형태가 매우 다양해요. 물방울이 얼면 우박이 되어 쏟아질 수 있어요. 겨울이라면 물이 얼음 결정이 되어 눈으로 떨어지기도 해요. 눈을 뭉쳐서 눈 뭉치를 만드는 건 정말 재미있지요!

어떤 곳에서는 아침이면 또 다른 형태의 물, 안개를 볼 수 있어요. 안개란 땅 위에 떠 있는 구름과 같아요. 어떤 때는 바로 발 앞이 보이지 않을 정도로 짙은 안개가 낄 때도 있죠. 구름은 아주 작은 물방울이나 눈 결정체로 이루어져 있고 둘이 섞여 있는 것도 있어요. 구름에는 다양한 종류가 있으며, 공기의 흐름인 기류 때문에 끊임없이 모양이 변한답니다.

그럼 언제 비가 오기 시작하는 걸까요? 당연히 누군가 우주에서 거대한 샤워기를 트는 건 아닐 거예요. 그렇다면 실제로 어떤 일이 일어나는 걸까요? 하늘에 떠 있는 구름은 작은 물방울 수십억 개가 모여 있는 거예요. 따뜻한 지역에서는 이 작은 물방울이 서로 충돌하며 뭉쳐 있다가, 무거워서 더 이상 떨어지지 않고는 못 견딜 때 비가 내리기 시작해요.

추운 지역에서는 공기가 차가워질수록 구름 안에 얼음 결정이 생겨나게 돼요. 얼음 결정은 점점 더 크기가 커지고 구름 속 물방울은 이 얼음 결정에 달라붙어서 얼어 버려요. 커진 얼음 결정체가 충분히 무거워지면 땅으로 떨어집니다. 처음에는 눈송이 상태로 떨어지지만 땅에 닿기 전 녹아 버리는 경우가 많기 때문에 그냥 비가 내리는 것처럼 보일 수 있어요.

빗물을 마셔도 되나요?

빗물은 깨끗해 보이지만 그냥 마실 순 없어요. 자동차와 공장에서 내뿜는 매연 때문에 공기 중에는 건강에 좋지 않은 물질들이 많이 섞여 있고, 빗방울은 이 물질을 흡수하거든요. 여러분 집 지붕에도 먼지가 무척 많을 거예요. 지붕을 지나 물탱크로 흘러 들어온 물에는 그 먼지가 섞여 있을 수 있어요. 그러니 빗물을 그대로 마시겠다는 건 좋은 생각이 아니에요. 잘못하면 비둘기 똥도 마시게 될지 몰라요!

구름에도 종류가 있다고요?

18세기의 화학자 루크 하워드는 종종 풀밭에 누워 구름을 보곤 했어요. 그러다 그는 다양한 종류의 구름이 있다는 걸 깨달았지요. 그리고 비슷한 종류의 구름은 꼭 같은 높이에서만 발견된다는 것도 알게 되었어요. 루크는 높이 뜬 상층운, 낮게 뜬 하층운, 가운데 있는 중층운, 그리고 우뚝 솟은 탑구름으로 구름을 나누었어요. 그 외에도 모양에 따라 구름을 권운, 층운, 적란운 등으로 구분했지요.

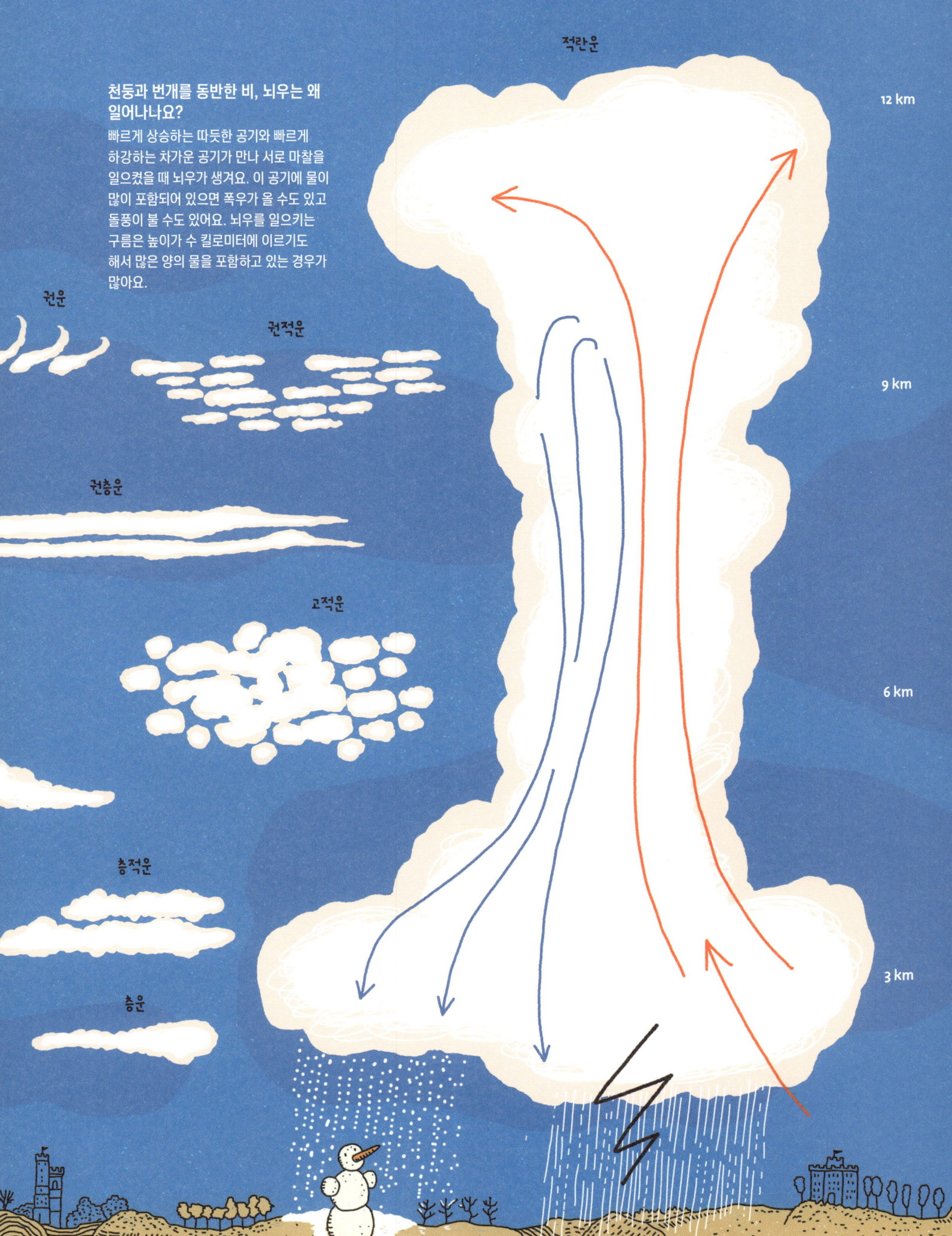

천둥과 번개를 동반한 비, 뇌우는 왜 일어나나요?

빠르게 상승하는 따뜻한 공기와 빠르게 하강하는 차가운 공기가 만나 서로 마찰을 일으켰을 때 뇌우가 생겨요. 이 공기에 물이 많이 포함되어 있으면 폭우가 올 수도 있고 돌풍이 불 수도 있어요. 뇌우를 일으키는 구름은 높이가 수 킬로미터에 이르기도 해서 많은 양의 물을 포함하고 있는 경우가 많아요.

옛날 사람들은 물을 어떻게 사용했나요?

물은 우리 인간에게 매우 중요해요. 시간을 거슬러 과거를 살펴보면 그 사실을 더 잘 이해할 수 있어요. 전 세계 주요 문명에서는 자신들이 농사를 지으며 살아가는 장소에 물을 공급하기 위하여 영리한 방법들을 발명해 냈어요. 우리는 그들이 정확히 어떤 방법을 사용했는지 확실히 알게 되었는데, 오늘날 우리가 당연하게 여기며 이용하는 수많은 발명품과 장치가 실은 아주 오래전에 발명된 것들입니다.

기원전 3000년도 되기 전, 서남아시아의 메소포타미아 지역에 살던 사람들은 밭에 물을 공급하기 위해 운하를 만들었어요. 그곳은 매우 건조한 지역이었지만, 티그리스 강과 유프라테스 강은 종종 범람을 했기 때문에 그 주변 고운 흙은 농작물을 키우기에 딱 알맞았죠. 사람들은 물이 들어올 수 있도록 직접 문을 여닫을 수 있는 운하를 만들었어요. 또, 강물을 운하나 육지로 실어 나르기 위해 지렛대 끝에 양동이가 달려 있는 방아두레박도 만들었어요.

로마인들은 거대한 목욕탕과 길고 긴 수도교를 만든 것으로 유명해요. 그들은 돌을 쌓아 커다란 돌 구조물인 수도교를 만들어 강에서부터 도시까지 깨끗한 물을 운반했어요. 덕분에 상한 물을 먹고 생기는 질병을 막을 수 있었죠. 로마인들이 수도교를 처음 발명한 건 아니었지만, 수도교 건설만큼은 그들이 1등이었죠. 프랑스 남부에 지어진 수도교인 가르교는 지어진 지 2000년이 넘었지만 지금도 너무나 멋지죠.

공중 정원

양수기

아르키메데스는 목욕을 하다 엄청난 아이디어를 떠올렸어요. 유레카!

고대 그리스인들은 멋진 식물로 가득한 계단식 테라스가 있는 공중 정원에 대해 기록을 남겼어요. 그곳은 바빌론이거나 니네베였을 거라고 해요. 그곳의 사람들은 지하 운하와 수로를 이용해 물을 끌어왔어요. 그리고 양수기를 이용해 높이 있는 정원에 물을 주었죠. 그리스 과학자 아르키메데스가 양수기를 발명한 사람으로 알려져 있지만, 아마 그 이전부터 양수기는 있었을 거예요.

물 푸는 바퀴

물시계

물로 시계를 만들 수 있다고요?
고대 이집트뿐만 아니라 페르시아나 중국 등 여러 나라 사람들은 단순히 식량을 키우는 데에만 물을 사용하지 않고 시계까지 만들어 썼어요. 여러 개의 파이프와 수조를 이용하면 시간이 얼마나 흘렀는지 측정할 수 있었어요. 정해진 시간에 기도를 해야 하는 성직자들이나 각자 말할 시간이 정해져 있는 법정의 변호사들에게 유용한 물건이었죠.

과거에는 어떻게 높은 곳으로 물을 옮겼을까요?
낮은 곳에서 높은 곳으로 물을 운반하고자 하면 누구나 펌프가 필요합니다. 3000년 전 고대 중국과 이집트에서는 커다란 바퀴에 양동이를 매달아 물 푸는 바퀴를 만들었어요. 최초의 펌프인 셈이죠. 이 바퀴가 있으면 빠르게 강물을 퍼서 높은 곳에 있는 운하로 물을 옮길 수 있었어요. 대신 이 바퀴를 돌리려면 사람이나 동물이 열심히 힘을 써야만 했죠.

하라파 하수도

하수도는 언제 처음 만들어졌나요?
인더스 문명 사람들은 도시 지하 전체에 하수도 시스템을 만들었다고 해요. 5000년도 더 전에, 그것도 단단한 벽돌로 깔끔하게요!

왜 물을 마셔야 하나요?

성인은 매일 1.5~2리터의 물을 마셔야 해요. 큰 물병 한 개 정도 양이죠. 하지만 여러분에게 필요한 정확한 물의 양은 여러분이 얼마나 건강한지, 몇 살인지, 날씨가 얼마나 더운지, 무슨 일을 하는지, 무엇을 먹는지에 따라 달라져요. 운동을 한다면 1시간에 무려 1~2리터의 수분을 잃을 수도 있어요! 우리 몸은 영양분을 옮기고, 충격으로부터 몸을 보호하고, 체온을 일정하게 유지하는 등 다양한 목적으로 물이 꼭 필요합니다. 예를 들어, 더우면 땀이 나서 여러분의 피부가 젖게 됩니다. 그러면 땀방울이 증발하면서 여러분의 피부를 식혀 주지요.

사람의 몸은 절반 이상 물로 이루어져 있어요! 화장실에 가서 물을 가장 많이 배출하지만, 그냥 호흡을 하고 땀을 흘리는 것으로도 물은 배출됩니다. 일반적으로 건강한 성인은 하루에 2.5리터의 물을 몸 밖으로 내보내요. 1리터 정도는 매일 먹는 음식 속 수분으로 섭취하니까, 나머지는 일부러 물을 마셔서 채워 주어야 하죠. 물을 충분히 마시지 않으면 몸이 곧바로 무언가 잘못되었다는 신호를 보낼 거예요. 먼저 목이 마르게 될 것이고, 나중에는 힘이 없고 어지러운 느낌이 들다가 결국에는 정신이 없어지며 두통이 올 거예요.

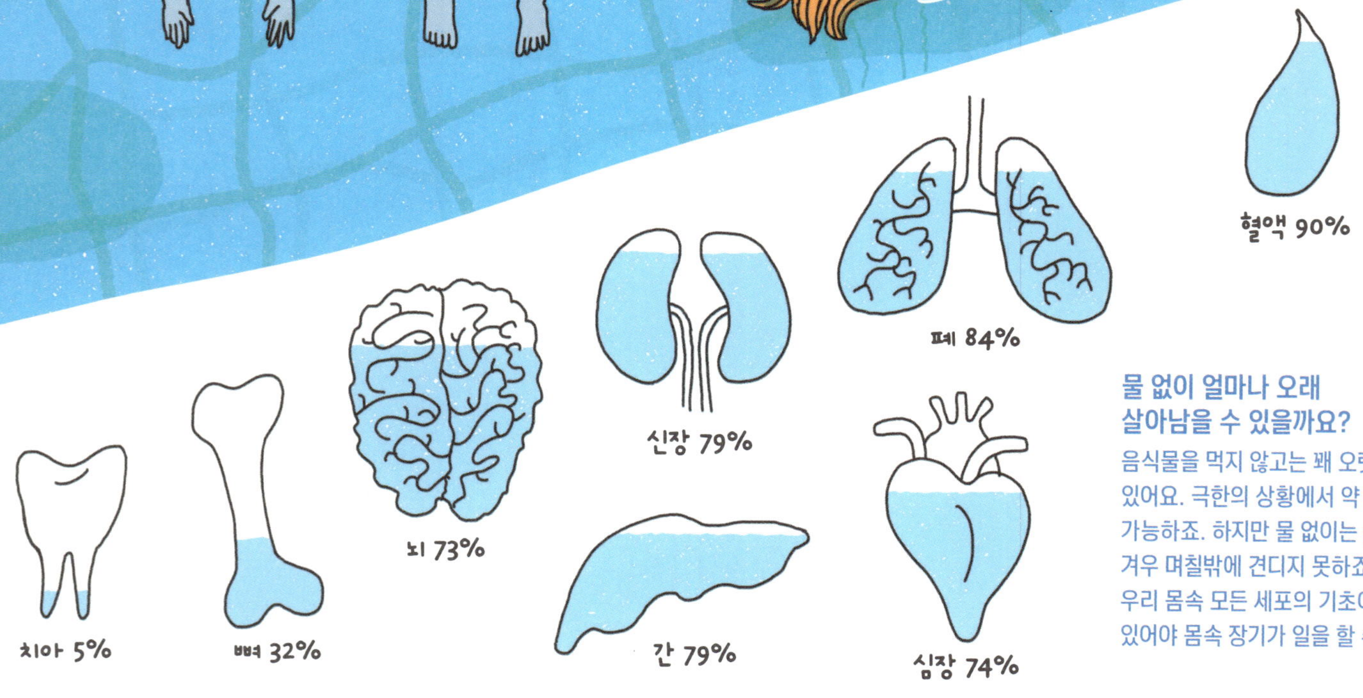

치아 5%

뼈 32%

뇌 73%

신장 79%

간 79%

폐 84%

심장 74%

혈액 90%

물 없이 얼마나 오래 살아남을 수 있을까요?

음식물을 먹지 않고는 꽤 오랫동안 견딜 수 있어요. 극한의 상황에서 약 두 달 정도는 가능하죠. 하지만 물 없이는 살 수가 없어요. 겨우 며칠밖에 견디지 못하죠. 사실 물은 우리 몸속 모든 세포의 기초이며 물이 있어야 몸속 장기가 일을 할 수 있어요.

왜 어떤 사람들은 유독 물에 잘 뜨나요?

어떤 사람은 물에 둥둥 잘 뜨고, 또 어떤 사람은 매번 가라앉습니다. 이건 여러분의 체격과는 아무 상관없고 몸의 밀도와 관련된 거예요. 밀도란 어떤 물질을 구성하는 입자들이 얼마나 서로 가깝게 붙어 있는지를 나타내는 단위입니다. 나무는 물에 쉽게 뜨지만 돌은 그렇지 않죠. 이것은 돌이 훨씬 밀도가 높기 때문이에요. 즉 물에 잘 뜨는 사람들은 몸이 나무와 비슷하고 아닌 사람은 돌과 비슷한 거죠. 지방이 근육보다 물에 잘 뜬다는 사실은 확실해요. 그리고 물에 들어가기 전 폐에 공기를 가득 채우면 물에 더 잘 뜰 수 있어요.

높은 밀도 / 낮은 밀도

우린 하루에 2.5리터 정도의 물을 배출해요.

눈물
대변 100ml
땀 200ml
호흡 700ml
소변 1500ml

1 식도
2 위
3 장
4 신장
5 방광

소변

정수장에서는 어떻게 정수를 할까요?

우리는 자연에서 가져온 물을 깨끗하게 만들기 위해 온갖 종류의 여과기와 놀라운 방법을 사용합니다. 우선 정수장에서는 거친 여과기를 이용해 죽은 물고기, 나무 조각 같은 큰 오염 물질을 걸러 냅니다. 바닷가에서 게나 새우를 잡기 위해 사용하는 그물 같은 역할이죠.

걸러 낸 물은 저장소로 들어가고 이곳에서 흙 같은 오물이 바닥으로 가라앉아요. 물이 고여 있기 때문에 무거운 것들이 가라앉지요. 그다음에는 자연의 힘을 빌려요. 물속에는 오염 물질을 먹이로 삼는 눈에 보이지 않는 미생물이 사는데, 이들이 우리를 위해 일해 주지요.

그런 다음, 펌프로 물을 끌어올려 굉장히 촘촘한 여과기를 거칩니다. 이 과정에서 걸러진 오염 물질을 처리하기 위해서는 오물 조각을 서로 뭉치게 만드는 특수한 화학 물질을 이용합니다. 뭉쳐진 덩어리들은 거대한 거품 분사 장치를 이용해 위로 밀어내서 물에 띄웁니다. 떠다니는 오염물은 쉽게 훑어 낼 수 있지요. 그런 뒤 모래 여과기에 통과시켜 물속의 작은 먼지 조각을 마지막으로 걸러 냅니다.

자, 이제 물속에는 눈에 보이지 않는 오염 물질만 남았어요. 정수장에서는 이걸 처리할 수 있는 새로운 초강력 무기를 사용하는데, 바로 활성탄 여과기입니다. 이것은 눈에 보이지 않는 의약품, 맛과 향을 내는 화학물질, 기타 폐기물을 끌어당겨 스펀지처럼 쏘옥 흡수해 버립니다. 이 여과기를 지나면 물은 완전히 깨끗해집니다.

마지막으로 염소로 물을 소독합니다. 염소는 세균 처리에 굉장히 효과가 좋아서, 대부분의 수영장에서도 물 소독에 염소를 사용합니다. 이 모든 과정을 거치면 물은 드디어 마셔도 되는 상태가 되지요.

모래가 물을 거른다고요?
자연 그대로의 모래를 여과기로 사용할 수 있어요. 몇몇 정수장에서는 모래 언덕에 있는 모래를 가져다가 물을 거릅니다. 물이 모래 여과기를 통과하게 되면, 작은 오물들이 모래 알갱이 사이에 갇히게 되어 깨끗하게 걸러지지요.

활성탄이란 무엇인가요?
활성탄은 바비큐에 사용하는 숯과 비슷하게 생겼습니다. 이 검은 물질에는 눈에 보이지 않는 수천 개의 작은 구멍이 있어 아주 작은 오물 조각도 다 걸러 낼 수 있지요.

함께 해 보요!
- 물에 모래나 진흙을 넣고 흔들어 주세요.
- 30분 정도 그대로 두세요.
- 무엇이 보이나요? 정수장 물 저장소처럼 흙이 바닥에 가라앉아 있어요.

모래 여과기 발명가 제임스 심슨

중세 사람들은 무엇을 마셨나요?
맥주요! 양조업자는 물, 곡물, 홉을 섞어 끓였고 이 과정에서 세균이 죽었어요. 당시에는 하수도나 정수 시스템이 좋지 않았기 때문에 그냥 물을 먹었다가 질병에 감염되는 경우가 많았거든요.

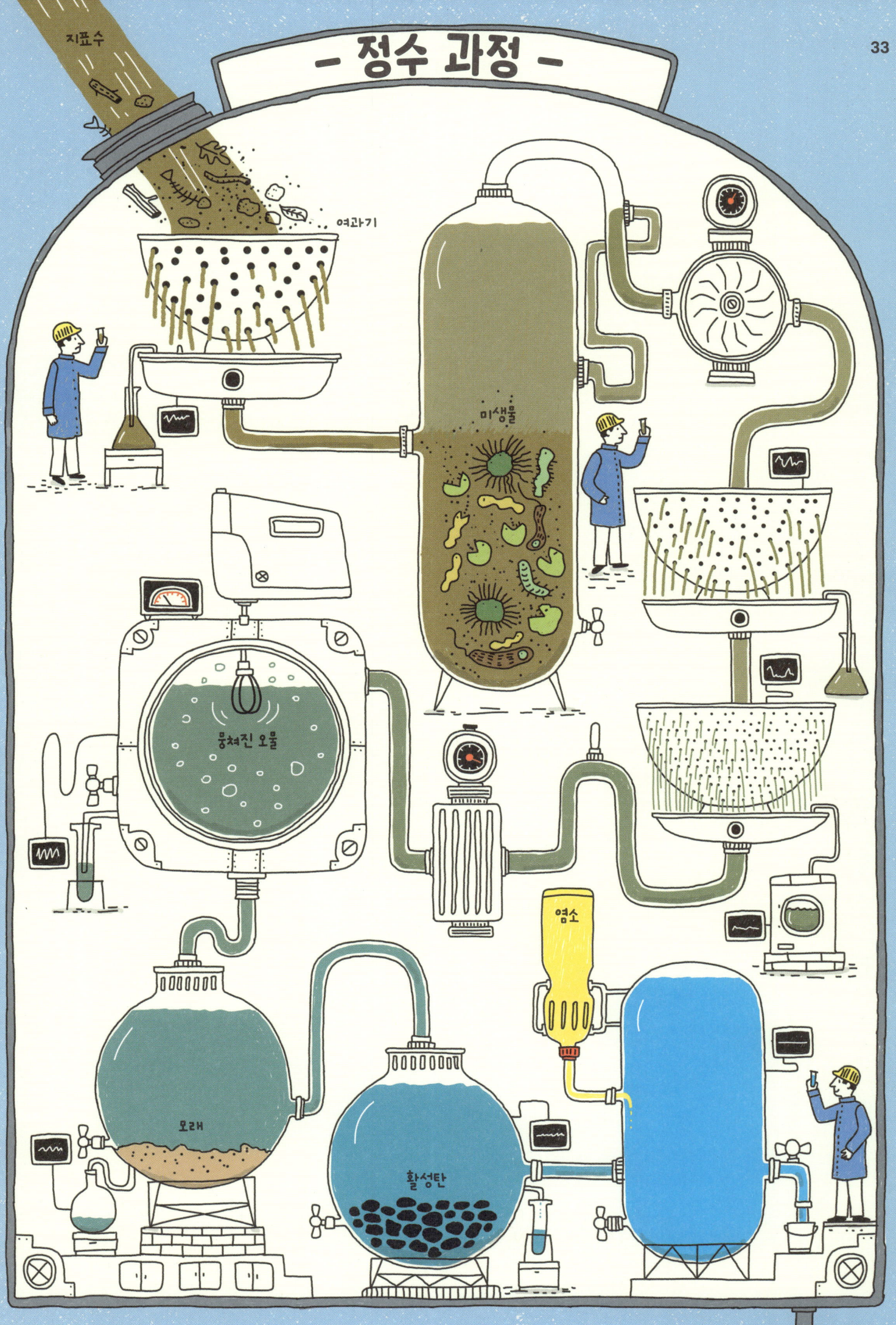

마실 수 있는 물은 어떻게 집까지 오나요?

수도꼭지를 틀면 곧바로 물이 나와요! 당연해 보이지만 여러분의 집에 오기까지 물은 오랜 여행을 했어요.

여러분 집에 도착한 물은 펌프로 끌어올린 지하수도 있을 것이고, 강이나 호수에서 가져온 지표수도 있을 거예요. 일단 이 물에는 나뭇가지나 쓰레기 같은 오물이 섞여 있을 수 있으니 정수장을 거쳐야 해요. 정수장에서 깨끗해진 물은 이제 여러분의 집까지 운반되지요. 이 과정은 땅 밑에 60cm 이상 깊게 설치해 놓은 송수관을 통해 이루어집니다. 이 송수관은 여러 정수장과 집, 사무실, 공장 등을 서로서로 연결하고 있어요.

안타깝게도 지하 송수관에서는 누수가 생길 수 있어요. 하지만 관이 땅속 깊이 묻혀 있기 때문에 어디에서 물이 새는지 찾기가 쉽지는 않아요. 그 결과 많은 양의 식수가 아깝게 버려집니다. 미국에서는 수도꼭지를 이용해 물 한 통을 쓸 때마다 한 통의 물을 누수로 버린다고 해요. 또, 영국에서는 물 소비량의 20%를 누수로 잃고 있어요. 계량기가 불량이라서 혹은 중간에서 물을 훔치는 사람들 때문에 손해를 보는 경우도 있고요. 그래서 정수장에서는 언제나 누수에 곧바로 대처할 수 있는 새로운 방법을 찾고 있어요.

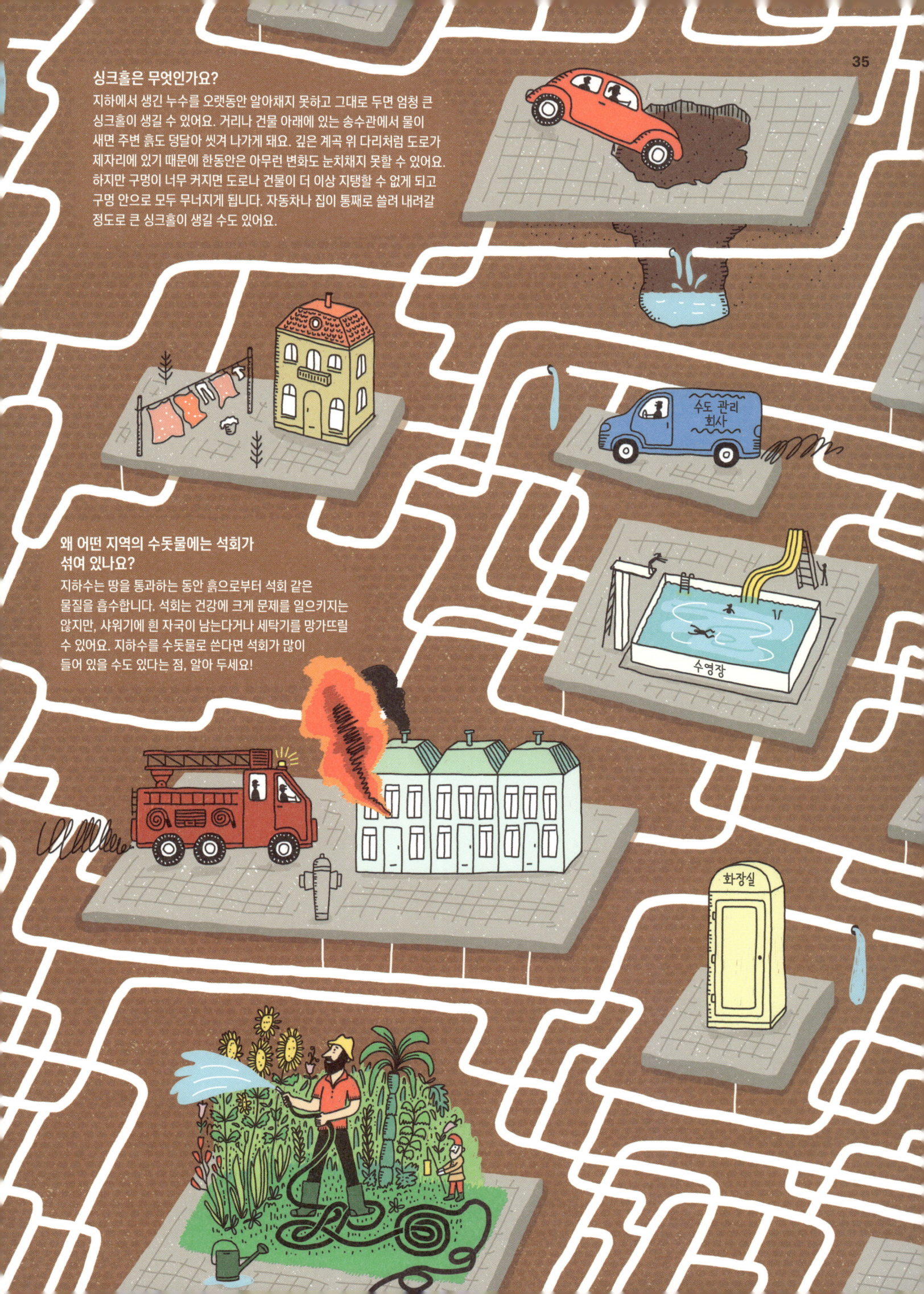

싱크홀은 무엇인가요?
지하에서 생긴 누수를 오랫동안 알아채지 못하고 그대로 두면 엄청 큰 싱크홀이 생길 수 있어요. 거리나 건물 아래에 있는 송수관에서 물이 새면 주변 흙도 덩달아 씻겨 나가게 돼요. 깊은 계곡 위 다리처럼 도로가 제자리에 있기 때문에 한동안은 아무런 변화도 눈치채지 못할 수 있어요. 하지만 구멍이 너무 커지면 도로나 건물이 더 이상 지탱할 수 없게 되고 구멍 안으로 모두 무너지게 됩니다. 자동차나 집이 통째로 쓸려 내려갈 정도로 큰 싱크홀이 생길 수도 있어요.

왜 어떤 지역의 수돗물에는 석회가 섞여 있나요?
지하수는 땅을 통과하는 동안 흙으로부터 석회 같은 물질을 흡수합니다. 석회는 건강에 크게 문제를 일으키지는 않지만, 샤워기에 흰 자국이 남는다거나 세탁기를 망가뜨릴 수 있어요. 지하수를 수돗물로 쓴다면 석회가 많이 들어 있을 수도 있다는 점, 알아 두세요!

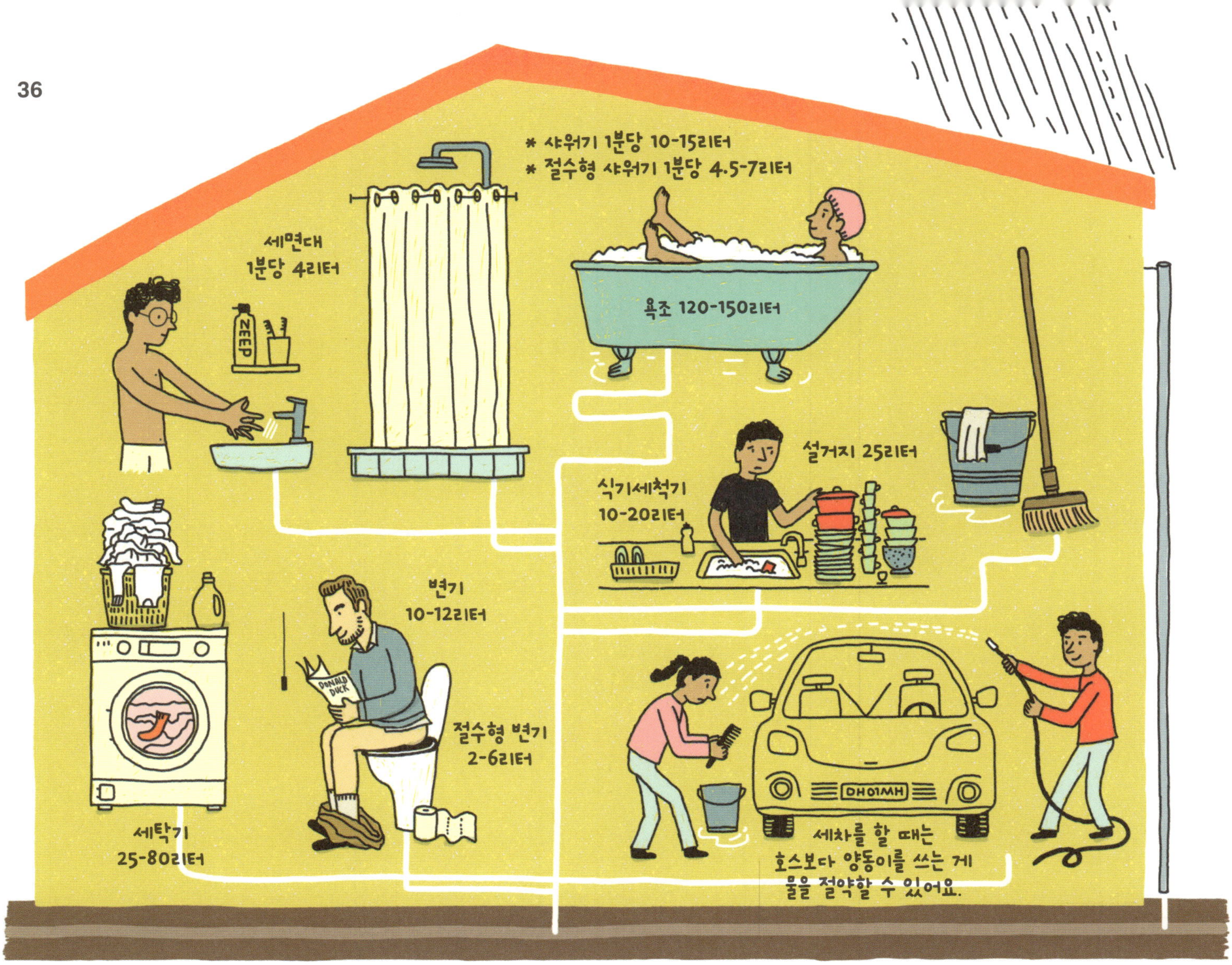

※ 샤워기 1분당 10-15리터
※ 절수형 샤워기 1분당 4.5-7리터

세면대 1분당 4리터

욕조 120-150리터

설거지 25리터

식기세척기 10-20리터

변기 10-12리터

절수형 변기 2-6리터

세탁기 25-80리터

세차를 할 때는 호스보다 양동이를 쓰는 게 물을 절약할 수 있어요.

소변은 어떻게 되나요?

화장실에 가서 변기 물을 내리면, 여러분의 소변은 놀라운 모험을 떠나게 됩니다. 워터파크에서 미끄럼틀을 탄 것처럼, 여러분이 쓴 물은 관을 타고 급히 내려가 하수도로 빠집니다. 그때부터 물은 큰 관을 통해 구부러진 곳을 지나고 하수가 모이는 곳, 지하 교차로를 지나 결국 하수 처리장에 도착합니다.

정수장에서와 마찬가지로 하수 처리장에서도 다양한 여과기를 이용해 오물을 걸러 냅니다. 그런 다음 오물을 가라앉히는 데 사용되는 침전조에 물을 담아 놓고 미생물이 물속 오물을 먹어 치울 때까지 기다려요. 몇몇 미생물은 원래부터 물속에 있었지만, 대부분은 침전조 바닥 진흙층에 있어요. 결국 물속의 오물 조각은 바닥으로 가라앉아 진흙층을 만듭니다.
나머지 물은 강으로 흘러가고 물의 여행은 다시 반복되지요.

과거에는 하수도에서 나온 더러운 물 대부분이 개울이나 강으로 바로 흘러갔어요. 상상만 해도 냄새가 끔찍하겠죠! 물고기나 다른 물에 사는 동물들은 더 깨끗한 곳을 찾아 떠났지요. 사실 아직도 많은 나라에서는 변기 물이 하수 처리장을 거치지 않고 강으로 바로 흘러 들어가고, 이 더러운 물을 이용하는 사람들은 병에 걸리곤 해요. 그러니 집에서 사용한 물은 강으로 흘려 보내기 전에 깨끗하게 처리하는 게 좋겠죠?

페수

거리의 흙먼지

소변

빗물

대변

비누 거품

약품 쓰레기

가장 뛰어난 하수 처리 시설을 가지고 있는 나라는 어디인가요?
루마니아와 알바니아는 절반 정도의 집이 하수 처리 시설과 연결되어 있지 않아요. 미국은 전체 가구의 약 5분의 1 정도, 벨기에는 약 40만 가구, 잉글랜드와 웨일즈는 100만 가구가 공공 하수도와 연결되어 있지 않은 채 살고 있어요. 반면 네덜란드, 덴마크, 라트비아는 모든 집이 하수 처리 시설에 연결되어 있어요.

왜 건물 지하는 종종 물에 잠기나요?
도시에서는 거리, 광장, 건물의 물이 빠르게 빠지지 않는 경우가 종종 있어요. 오랫동안 비가 많이 오고 나면, 하수 처리 시설이 있어도 다 감당을 하지 못해요. 그렇게 하수도로 흘러 들어가지 못한 물이 도로에 남게 되면 건물 지하를 덮치게 됩니다.

하수도 물에 세균이 남아 있나요?
도시에 사는 사람들이 바이러스에 감염이 되면 그들의 대변에 있던 세균이 하수 처리 시설로 옮겨가게 돼요. 감염을 일으키는 온갖 종류의 세균도 마찬가지지요. 하지만 하수 처리장의 여과기를 통과한 후에는 물에 있던 질병을 일으키는 세균이 제거되기 때문에, 그 물 때문에 다른 사람에게 병을 옮길 가능성은 매우 낮답니다.

물이 없다면 식탁이 텅 빌 거예요

농부들은 우리의 식량이 되는 농작물을 키우기 위해 어마어마한 양의 물을 필요로 합니다. 미국 중서부나 유럽의 벨기에, 네덜란드 같은 지역에서는 많이 내리는 비 덕분에 농사를 지을 수 있어요. 그런데 기후 변화로 비가 적게 내리거나, 1년 내내 골고루 내리지 않는 문제가 생기고 있어요.

땅이 마르면 농부들은 직접 밭에 물을 줍니다. 이걸 관개라고 하는데, 관개에는 다양한 방법이 있어요. 직접 밭에 물을 채워 넣거나 스프링클러를 이용하거나 수로를 이용할 수도 있어요. 확실한 건 어디에선가 물을 가져와야 한다는 거예요. 땅속에서든 강에서든 저장 탱크(겨울철 눈이 많이 왔을 때 농부들이 모아 둔 것)에서든 말이죠.

반대로 비가 많이 오는 것도 문제가 될 수 있어요. 대부분의 식물은 뿌리가 흠뻑 젖는 걸 좋아하지 않기 때문에 농경지에는 배수 시설이 꼭 필요해요. 즉 필요 이상으로 흘러 들어온 물은 개울, 운하 혹은 밭 지하에 설치한 관으로 내보내야 한다는 뜻이죠. 필요 이상의 물을 제거해 주지 않으면 영영 그 땅에 농사를 짓지 못하게 될 수도 있어요. 아예 습지로 변해 버릴 수도 있거든요. 그러다 보니 충분한 식량을 생산하기 위해 오래전부터 땅 밑에 물을 뺄 수 있는 시설을 묻어둔 곳이 많답니다.

너무나 소중한 물을 나중을 위해 저장해 두지 않고 곧바로 강과 바다로 흘려보낸다는 건 안타까운 일이에요. 우리는 물을 언제 어디로 내보낼지, 아니면 어디에 저장할지 등을 신중하게 생각해서 결정해야 해요. 심각한 가뭄이 왔을 때 그 물이 정말로 필요할 수 있으니까요.

어떤 농장에서 물을 가장 많이 필요로 하나요?

모든 농장마다 상황은 다르고 필요한 물의 양도 달라요. 온실에서 키우는 채소와 과일은 많은 물을 필요로 해요. 하지만 밭에서 키우는 농작물 중에도 물이 엄청 많이 드는 종류가 있어요. 돼지와 소를 키우는 농장도 마찬가지예요. 여기에 대해서는 다음 페이지에서 자세히 알 수 있어요.

농사에는 늘 물이 많이 드나요?

서유럽에는 보통 비가 충분히 오기 때문에 농사를 할 때 따로 물이 필요하진 않아요. 하지만 한창 농작물이 자라는 시기에 비가 많이 오지 않는 나라라면 상황이 다르겠죠. 만약 갑자기 물이 부족해지면 심각한 문제가 생길 수 있어요. 너무 오랫동안 비가 내리지 않는다면 농작물과 가축들이 죽게 되고, 그러면 수개월 일한 농부의 노력이 헛수고로 돌아갈 거예요.

가상수는 무엇인가요?

어떤 제품을 만들어 낼 때 필요한 모든 물을 가상수라고 해요. 우리가 사용하거나 먹는 모든 것들에 물이 필요하거든요.
예를 들어, 스테이크를 생각해 보죠. 스테이크용 고기는 소의 튼튼한 엉덩이 살에서 나옵니다. 소는 평생 동안 물을 마셔야 하고, 만약 우유를 생산하는 소라면 훨씬 더 많이 마실 거예요. 소 한 마리는 하루에 적어도 양동이 10개를 채울 만큼의 물을 마셔야 하고 축사를 청소하는 데에도 물이 필요해요.

소는 물뿐만 아니라 먹이도 먹어야 해요. 그럼 맛있는 건초나 다른 먹이를 어딘가에서 키워야 할 테고, 이걸 키울 때 또 물이 필요해요. 그러니 스테이크를 하나 만들기 위해 얼마나 많은 물이 필요할지 상상할 수 있을 거예요. 물론 농부의 작업 방식에 따라 달라지겠지만 200그램의 스테이크를 만들어 내기 위해서는 2,000~3,000리터의 물(약 200~300 양동이)이 필요합니다.

모든 농부가 자기 소에게 먹일 먹이를 직접 키우진 않아요. 또, 소를 키우는 들판 옆에 개울이 있다고 해결되지도 않아요. 그래서 전 세계 어디에선가 소 사료용 풀이나 콩을 키울 테고, 그러기 위해서는 엄청난 양의 물이 필요하죠.

그런데 물은 식량을 생산하는 데만 필요한 게 아니라 티셔츠부터 휴대폰까지 거의 모든 제품을 만드는 데 필요합니다. 우리가 사용하는 모든 제품에는 가상의 '물발자국'이 있어요. 하나의 제품을 만들기 위해 필요한 물의 총량을 말하는 거죠. 여기엔 단순히 소비한 물만 포함되는 것이 아니라 제품을 만드느라 오염된 물까지 모두 포함됩니다.

물발자국은 누가 생각해 냈나요?

네덜란드 교수 아르옌 훅스트라가 물발자국이란 아이디어를 처음 생각해 냈어요. 세상의 많은 제품들이 판매되는 장소와 전혀 다른 곳에서 만들어집니다. 여러분 티셔츠에 붙어 있는 라벨을 보세요. 어느 나라에서 만들어진 것인가요? 아르옌 훅스트라는 제품을 만드는 데 필요한 모든 물, 심지어 다른 나라에서 사용된 것까지 모두 합쳐서 계산하는 방식을 개발해, 우리가 생각보다 훨씬 더 많은 가상수를 사용한다는 걸 알려 주었어요.

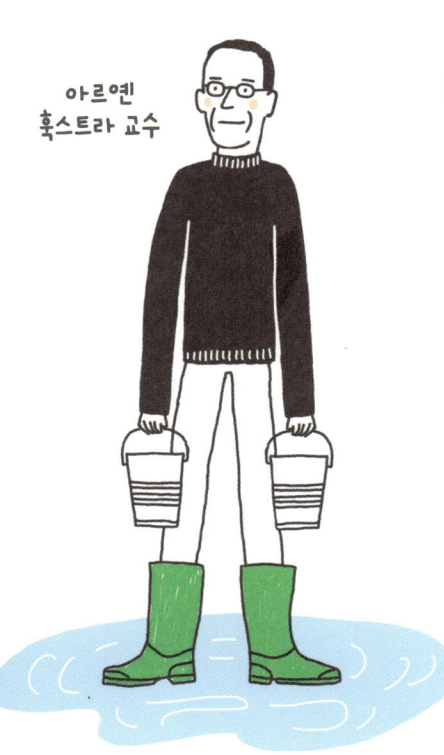

아르옌 훅스트라 교수

사과 1개 125리터
피자 1판 1,260리터
토마토 1개 50리터
종이 1장 10리터
청바지 1장 10,850리터
오렌지 1개 80리터
스마트폰 1대 910리터
차 1잔 27리터
초콜릿 1개 4,000리터
돼지고기 1kg 5,990리터
티셔츠 1장 2,720리터
달걀 1개 200리터
닭고기 1kg 4,325리터
치즈 1kg 3,178리터

청색 물, 녹색 물, 회색 물이란 무엇인가요?

물발자국은 크게 세 가지 종류의 물, 녹색 물(빗물), 청색 물(강물과 지하수), 회색 물(다른 용도로 이미 사용된 물)을 포함합니다. 물론 물이 정말로 그런 색인 건 아니지만 어디에서 나온 물인지 이야기할 때 사용하는 암호 같은 거예요.

빗물 / 강물과 지하수 / 폐수

함께 해 봐요!

- 오늘 먹은 것들의 물발자국을 계산해 봐요.
  https://waterfootprint.org/en/resources/interactive-tools/product-gallery
- 여러분 자신의 물발자국을 계산해 봐요.
  https://watercalculator.org/
- 혹시 여러분이 다음 세대까지 물을 사용할 수 있게 지켜야 하는 양, 그리고 누구나 쉽게 이용할 수 있는 양 이상을 사용했나요? 그렇다면 가상수를 더 적게 사용할 수 있는 방법을 찾아보세요.

식물은 어떻게 땅속의 물을 흡수하나요?

토마토는 물이 많이 필요하고, 선인장은 적게 필요해요. 이렇게 식물마다 차이는 있지만 아예 물 없이 살 수 있는 식물은 없어요. 땅은 물기를 짜낸 수건 같아서, 축축하긴 하지만 물이 흘러내리지는 않아요. 이 말은, 그 안에 충분한 양의 물이 있지만 쉽게 빼내진 못한다는 거죠. 하지만 식물은 할 수 있어요! 식물에게는 뿌리가 있기 때문이에요. 뿌리는 물을 찾아서 몇 미터 지하까지도 내려갈 수 있어요. 그리고 땅에 단단히 달라붙어 있게 해서 식물이 쓰러지는 것도 막아 줘요.

식물의 뿌리와 줄기는 작은 빨대들이 모인 거라고 생각하면 돼요. 빨대 한쪽 끝은 물이 저장되어 있는 땅속에 박혀 있고 다른 한쪽 끝은 잎 쪽인데 물을 빨아들여요.

식물의 잎은 식물이 너무 뜨거워지지 않게 막아 주는 역할도 해요. 날씨가 너무 더우면 땀이 나고 목이 마르듯, 식물도 마찬가지예요. 많은 양의 물이 잎에서 증발하죠. 우린 이걸 증산이라고 해요. 빨대로 물을 빨아들이는 것과 같은 원리로, 뿌리와 줄기는 땅속의 물을 빨아들입니다. 빨아올려진 물은 잎으로 가면서 식물의 이곳저곳에 영양분도 가져다 줍니다.

뿌리 없는 식물도 있나요?
어떤 식물은 잎의 비늘을 통해 공기, 비, 먼지에서 물과 영양분을 흡수합니다. 이런 공중식물은 굉장히 천천히 자라요. 꽃집에서 파는 대부분의 공중식물은 미국 남부와 중앙아메리카에서 온 것이랍니다. 집에서 키우기 위해 자연에 있는 것을 가져온 것인데, 이로 인해 어떤 식물은 희귀종이 되기도 했어요.

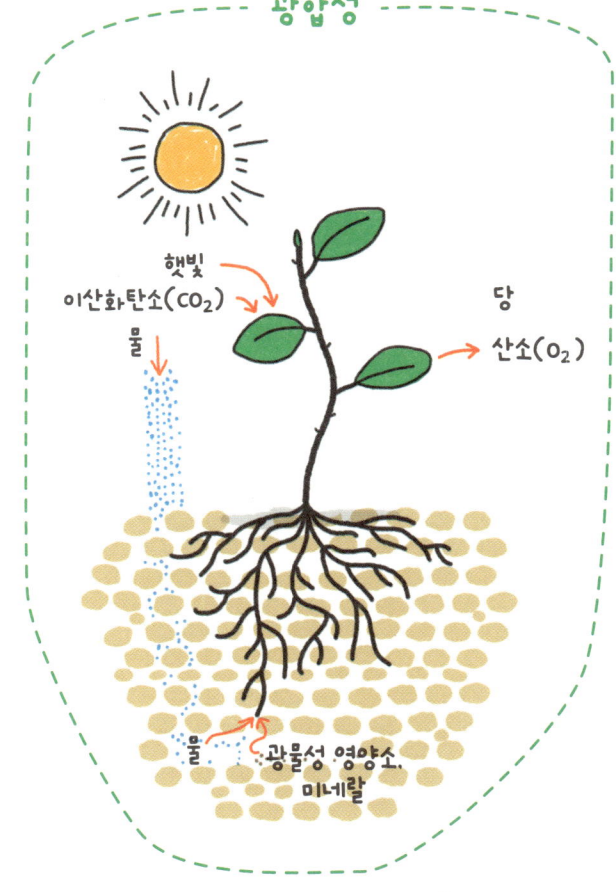

낮에 나무줄기가 더 두꺼워지는 이유는 무엇인가요?
식물은 낮에는 물을 흡수하지만 밤에는 그러지 않아요. 물과 이산화탄소로 에너지를 만들기 위해서는 빛이 필요하기 때문에 낮에는 나무줄기가 두꺼워졌다가 밤에는 다시 가늘어지지요.
그래서 나무줄기 두께를 측정하게 되면 이 나무가 얼마나 많은 물을 흡수하는지, 언제 물을 흡수하는지 알 수 있어요. 만약 낮인데도 줄기가 충분히 두꺼워지지 않는다면 땅속에 물이 충분하지 않다는 뜻일 수 있어요.

함께 해 봐요!
나무 잔가지를 잘라서 몇 분 기다렸다가 잘린 표면에서 무슨 일이 생기는지 관찰해 보세요. 가지를 자르면 나뭇잎이 더 이상 물을 제대로 빨아들이지 못하기 때문에 잘린 표면에 작은 물방울이 맺힐 거예요.

잎의 기공이란 무엇인가요?
식물의 잎에는 열리기도 하고 닫히기도 하는 작은 구멍들이 많이 있어요. 우린 이걸 기공이라고 불러요. 너무 건조해서 땅속에 물이 충분하지 않으면 식물은 더 이상 잎을 통해 물이 증발하지 못하도록 기공을 닫아 버려요. 그럴 때 식물은 몸이 좋지 않다고 느낍니다.

잎의 기공

물관

물과 미네랄이 나뭇잎까지 가는 중

산소　이산화탄소

닫혔을 때　열렸을 때

으음! 촉촉해!

안녕!

곰팡이는 식물과 무슨 관계가 있나요?
식물은 땅속의 물과 영양분을 더 쉽게 찾아내기 위하여 곰팡이와 아주 긴밀하게 협력합니다. 땅속이 건조할 때도 식물과 곰팡이는 서로서로 필요한 먹이와 물을 얻을 수 있도록 도와주지요.

뿌리

땅에서 빨아올린 물

열대 우림의 생물

우리는 정글을 열대 우림이라고 불러요. 일 년 내내 비가 많이 내리고 더운 숲이라는 뜻이죠. 이곳은 멕시코나 북유럽 같은 곳보다 비가 두 배에서 세 배는 더 많이 내리며, 건기는 두 달을 넘지 않아요.

열대 우림에는 지금까지 발견된 것보다 훨씬 더 많은 동식물이 살고 있으며, 그 종류도 엄청 많습니다. 많은 동물들이 풍부한 물과 살기 좋은 기온 때문에 열대 우림을 집으로 선택했을 거예요.

열대 우림에는 높낮이에 따라 층으로 나뉘어 다양한 식물들이 살고 있어요. 언뜻 보면 거대한 나무들만 많이 자라는 것처럼 보이지만, 낮은 곳의 덤불 그늘에서는 키 작은 식물들이 자라고 있지요.

나무가 많은 숲에서는 빽빽하게 들어찬 나뭇잎 때문에 바닥까지 빛이나 비가 잘 들어오지 못해요. 그래서 키 작은 식물들은 충분한 빛과 물을 얻기 위해 나름의 방법을 찾아냈어요. 덩굴 식물의 경우는 나무를 감고 높이, 높이 올라가요. 난초는 특별한 뿌리를 이용해 흙 대신 공기 중에서 수분을 흡수해요. 열대 우림에서는 다양한 모양과 색의 난초가 이런 방식으로 살아가고 있어요. 파인애플과에 속하는 브로멜리아라는 식물은 스스로 먹을 걸 찾기 위해 아주 새로운 방법을 발견했어요. 바로 잎을 접시처럼 사용해 빗물을 모았다가 나중에 필요할 때를 대비하는 거죠. 영리한 자연의 발명품이지요!

열대 우림에서 가장 오래된 나무는 몇 살인가요?
어떤 나무 종류는 1억 년 이상 지구에 살고 있대요. 공룡이 살던 시절에도 거기 같이 있었다는 뜻이에요.

세계에서 가장 큰 열대 우림은 어디인가요?
남아메리카에 있는 아마존 열대 우림입니다. 물론 동남아시아와 서아프리카에도 열대 우림이 있지요. 아마존 열대 우림은 콜롬비아, 베네수엘라, 가이아나, 수리남, 프랑스령 기아나, 에콰도르, 페루, 브라질, 볼리비아를 가로질러 뻗어 있어요. 스리랑카나 미국 조지아주 면적의 약 100배에 달하는 크기예요.

아마존강은 어떤 점이 특별한가요?
아마존강은 세계에서 가장 높은 생물 다양성을 자랑해요. 또한 지구에서 가장 많은 종류의 민물고기가 살고 있어요. 비가 많이 오는 계절에는 아마존강의 폭이 40km까지 늘어나요. 영국과 프랑스 사이에 있는 도버 해협보다 더 넓은 거죠.

사막 속 뜻밖의 선물, 오아시스

지금 사막에 있다고 상상해 보세요. 태양은 하늘 높이 떠 있고 땅에서는 찌는 듯한 열기가 느껴지겠죠. 주변에는 모래, 모래, 또 모래밖에 없어요. 그때 갑자기 무언가를 발견해요. 야자나무 몇 그루와 초록 덤불, 오두막, 생명의 흔적. 바로 오아시스예요!

오아시스는 매우 건조한 지역 한가운데에 염분이 없는 물이 있어 식물이 자랄 수 있는 땅을 말합니다. 자연적으로 생긴 천연 샘도 있지만, 사람이 지하 수로를 통해 물을 끌어오거나 펌프로 채워 넣은 인공 오아시스도 많이 있어요. 물을 필요한 곳까지 옮기기 위해 사람이 만든 지하 수로 중 가장 유명한 것은 카나트예요. 북아프리카, 중앙아시아, 서아시아에 걸쳐 찾아볼 수 있지요.

오아시스는 수 세기 동안 인류에 매우 중요한 역할을 했어요. 다른 지역으로 물건을 팔기 위해 사막을 지나는 상인들이 이곳에서 휴식을 취할 수 있었으니까요. 수백 년 동안 사람들은 이 소중한 오아시스를 바람과 모래로부터 지키기 위해 튼튼한 대추야자를 열심히 심었답니다.

카나트는 어떻게 쓰는 건가요?

카나트란 산에 있는 샘에서부터 낮은 곳에 있는 건조 지역까지 물을 운반하는 지하 수로입니다. 수백 년 전부터 사용되어 온 기술이죠. 우선 계곡에서부터 물이 필요한 곳까지 지하 깊숙이 큰 터널을 파요. 그와 동시에 터널에 공기가 통할 수 있도록 수직 통로도 여러 개 파지요. 이 수직 통로는 카나트를 깨끗하게 유지시켜 줍니다. 수백 년 전 만든 카나트를 아직 사용하는 곳도 있어요. 중력을 이용해 필요한 곳까지 정확하게 물을 운반해 주거든요.

알로에 베라

날쥐

도마뱀

낙타는 어떻게 사막에서도 잘 사나요?

낙타의 혹에 물이 들어 있다고 생각할 수 있지만, 그렇지 않습니다. 혹 안에는 주로 지방이 들어 있어서 사막에서 오랜 시간 이동해야 할 때 먹이 대신 사용할 수 있어요. 그럼 낙타는 어떻게 물 없이 오래 견딜까요? 그 답은 바로 몸속 신장에 있어요. 신장은 영양분과 찌꺼기를 분리해 소변을 만들어 내요. 영양분은 흡수하고 찌꺼기는 몸 밖으로 내보내죠. 하지만 낙타의 신장은 수분을 거의 내보내지 않아서 낙타의 소변은 사람과 달리 걸쭉한 시럽 형태로 나온답니다.

오아시스의 물은 어디에서 오는 걸까요?
사막은 매우 건조해서 여간해서 물을 찾기 힘들어요.
하지만 자연적으로 물이 고여 있는 곳도 몇 군데 있어요.
우린 이런 곳을 천연 수원지라고 불러요.

아카시아 나무

대추야자 · 홍학

파타 모르가나가 뭔가요?
파타 모르가나는 사막에서 종종
일어나는 현상이에요. 눈에 보이지만
실제로 존재하지 않는 허상이지요.
그렇다면 왜 생길까요? 사막 위를
흐르는 공기가 뜨겁게 달궈진
땅의 열을 받아 뜨거워집니다. 그러나
높은 곳의 공기는 차갑지요. 빛은
찬 공기에서 따뜻한 공기로 지날 때
굴절됩니다. 그래서 멀리 있는 것이
마치 가까이 있는 것처럼 보이는
현상이 일어나요. 종종 환상처럼
오아시스를 보여주기도 해요.

파타 · 차가운 공기 · 따뜻한 공기 · 따뜻한 땅 · 모르가나

뿔살무사

전갈

라스베이거스 네바다

오아시스에 지어진 가장 유명한 도시는 어디인가요?
미국의 유명한 카지노 도시 라스베이거스는 모하비 사막의 천연 오아시스
바로 옆에 있어요. 라스베이거스는 스페인어로 '초원'이에요. 1829년 멕시코
상인들이 이 지역을 처음 발견했을 때 붙여준 이름이죠.

타이거 부시는 무엇인가요?

아프리카 사하라 사막 남쪽의 초원 지대인 사헬 지역이나 멕시코의 바하칼리포르니아 반도처럼 비가 많이 오지 않는 지역에서는 아주 특별한 종류의 숲, 바로 타이거 부시를 만날 수 있어요. 이곳은 등고선을 따라 자라난 나무, 덤불, 풀 그리고 아무것도 없는 맨땅이 번갈아 나타납니다. 등고선은 높이가 같은 곳, 즉 고도가 같은 곳을 연결해 놓은 지도 위의 선이에요. 등고선을 따라서 걸으면 오르막길이나 내리막길을 걷지 않게 되지요.

앞에서 바라본 모습

위에서 바라본 모습

그런데 왜 타이거 부시는 전체를 뒤덮고 자라거나 아무렇게나 자라지 않고, 마치 호랑이 줄무늬 모양으로 자랄까요? 또 타이거 부시의 나무와 덤불은 어떻게 건조한 지역에서도 살아남는 걸까요? 거기서 자라는 대부분의 나무와 덤불이 원래 비가 더 많이 오는 지역에서 자라는 종류인데도 말이에요.

비가 아주 적게 오거나 아예 오지 않으면, 식물은 어떻게 해서든 물을 찾아내야 해요. 그러기 위해서는 식물 뿌리가 땅속 깊이, 더 멀리 뻗어나가야 하죠. 그러다 한곳에서 식물이 살아남는 데 성공하게 되면 뿌리와 낙엽 덕분에 그 주변 흙의 질이 좋아져요. 땅속에 더 많은 틈과 통로가 생겨서 물이 흐를 수도 있고 비가 오면 저장할 공간도 생기는 거예요. 그러다 보니 특정한 장소에서만 식물이 더 잘 자라게 되는 거랍니다.

비가 적게 오면 흙 가장 윗부분은 무척 건조하고 딱딱해져요. 그래서 비가 와도 오히려 빗물을 밀어내고, 땅으로 스며들지 못한 물은 흙 표면을 따라 흘러가 버립니다. 반면 식물이 자라는 곳의 흙은 작은 틈과 통로가 충분히 많기 때문에 비가 왔을 때 물을 더 잘 흡수할 수 있어요. 결국 그곳에 사는 식물들에게도 좋은 일이죠. 게다가 이곳의 흙은 바로 그 지역에 내리는 빗물뿐만 아니라 흡수되지 못하고 흘러내리는 높은 지역의 빗물까지 모두 흡수하지요.

타이거 부시를 하늘에서 내려다보면 노란빛 나는 주황색 건조한 땅 위로 어두운 색 나무와 덤불이 줄무늬처럼 자라고 있어서, 정말 멋진 호랑이 털을 보는 것만 같아요. 그래서 타이거 부시라는 이름을 갖게 되었어요.

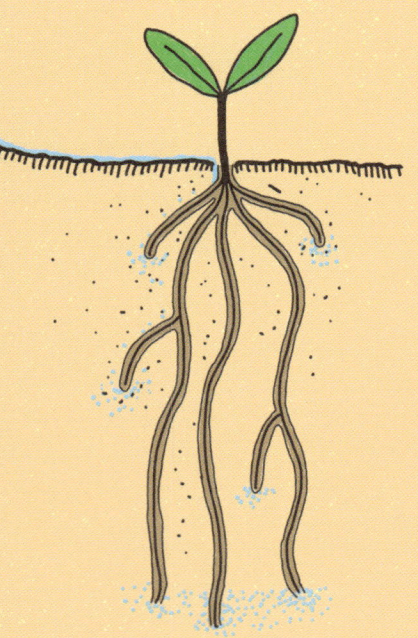

뿌리는 흙 입자를 옆으로 밀어내고 아래쪽으로 길을 터서 내려가요. 그래서 물이 흘러 들어갈 수 있는 통로가 생기고 흙도 느슨해져요.

함께 해 봐요!

- 바싹 마른 흙을 화분 두 개에 나눠 담아요.
- 한쪽 화분에 물을 섞어 줘요. 대신 물이 고일 정도로 많이 붓진 마세요.
- 양쪽 화분의 흙을 꾹꾹 눌러줘요.
- 양쪽 화분에 물 몇 방울을 떨어트려 봐요. 어떻게 되나요?

답: 마른 흙이 많이 담겨 있는 화분은 물을 튕겨 내고 살짝 젖어 있어요. 물을 머금은 흙이 담긴 화분은 물을 더 잘 흡수해서 사라져요.

타이거 부시에는 호랑이가 사나요?
타이거 부시는 기린같이 풀을 뜯어먹는 동물에게 중요한 곳이에요. 숲에서 자라는 나뭇잎이 그들의 먹이니까요. 하지만 여기서 호랑이를 만날 일은 아마 없을 거예요.

타이거 부시는 얼마나 오래되었나요?
타이거 부시는 늘 있었던 것처럼 보이지만, 강수량이 조금만 바뀌어도 그 모양이 바뀔 수 있어요. 일렬로 이어진 덤불이 흩어져 버리거나, 10년도 안 되어 일반적인 숲의 모양이 될 수도 있지요. 강수량이 조금이라도 줄면 땅속으로 흘러 들어가는 물 역시 줄어, 식물들이 굳이 등고선을 따라 자랄 필요를 느끼지 못하게 되지요. 반대의 경우도 마찬가지예요. 비가 조금이라도 더 많이 내리면, 갑자기 식물에 충분한 물이 공급되면서 더 이상 줄무늬 형태로 모여 살 필요가 없어지는 거죠.

강과 홍수

물은 졸졸 흐르는 작은 개울과 크고 넓은 강을 지나 바다로 흘러가요. 그런데 그 물은 과연 어디에서 온 걸까요?

강물의 일부는 육지에 내린 빗물이에요. 빗물은 들판과 거리를 가로질러, 또 높은 곳에서 낮은 곳으로도 흐르다 결국 개울이나 강을 만나게 되죠. 눈이나 빙하가 녹은 물도 결국은 강으로 흘러가요.

강물의 대부분은 지하수예요. 지하수라면 지하에 있어야 하지 않나요? 맞아요. 하지만 지하수는 가만히 고여 있는 게 아니에요. 개울, 강, 바다를 향해 아주 천천히 흐르고 있어요. 하수 처리된 물 역시 결국은 강으로 모여요.

가끔 비가 너무 많이 오면 강물이 급히 차오르기도 해요. 그러다 넘쳐흘러 홍수가 나죠! 왜 그럴까요? 사람들이 강가의 땅을 사용하기 위해 일부러 강을 일직선으로 만들어 놓기 때문이에요. 거기에 집을 짓고 농작물을 키우려고요. 만약 구불구불한 강을 그대로 두고, 자연스럽게 초원으로 물이 흘러넘치게 놔두었다면 홍수가 나는 일도 훨씬 줄었을 거예요.

강이 흘러넘치면 밭과 도로, 집은 물에 잠길 수 있어요. 아마 TV에서 봤을 거예요. 심한 경우에는 사람들이 떠내려갈 수도 있고 자동차나 지붕 위에 꼼짝없이 갇힐 수도 있어요.

둑은 어떤 역할을 하나요?
홍수로부터 집과 사람들을 보호하기 위해 둑을 만들어요. 미국의 미시시피 강이나 바다보다 육지가 낮은 네덜란드에서처럼요. 다만 물의 힘이 너무나 강하면 둑이 무너져 낮은 지대로 물이 쏟아져 들어올 수 있어요. 네덜란드도 1953년 큰 홍수를 겪은 후 바닷가에 아주 높은 둑을 새로 지어야 했어요. 그 이후로 네덜란드의 홍수 대부분은 바다 근처가 아니라 강 근처에서 일어나고 있어요.

세계에서 가장 긴 강은 어디인가요?
바로 아프리카를 통과해 흐르는 나일강입니다.
이 강은 길이가 약 6,650킬로미터로 미국
시카고와 프랑스 파리 간의 거리와 거의 같지요.
나일강은 주변 11개 나라로 물을 보냅니다.

지하로 흐르는 강도 있나요?
우리 눈에 보이지 않지만 지하로 흐르는 강이 있어요.
땅속 바위 틈새나 구멍을 흐르는 지하수를 말하는 게
아니라 진짜 지하 수로를 따라 흐르는 강 말이에요.
석회암 지대에 생기는 카르스트 지형에는 땅에
수없이 많은 구멍이 있어요. 물은 석회암으로 된
땅속으로 쉽게 스며들고, 또 석회암은 그 물에
잘 녹기 때문이에요. 이런 카르스트 지형에서는
강이 구멍으로 흘러들어가 종종 지하에도 강이
생기곤 한답니다. 세계에서 가장 긴 지하 강은
멕시코에 있는 시스테마 삭 악툰입니다.

파도와  쓰나미

여름에 바닷가에서 파도를 타는 것만큼 재밌는 건 없죠! 파도는 강한 바람이 불 때 생겨요. 바람이 바닷물 가장 위층을 위로 밀어 올리기 때문이에요. 폭풍이 심할 때는 파도가 위험할 정도로 높아질 수도 있어요.

높은 파도를 일으키는 원인 중에 쓰나미라는 것도 있어요. 지진이나 화산이 폭발한 후에 일어나는 현상으로, 지구가 흔들린 결과로 거대한 파도가 생겨나는 거예요. 쓰나미라는 단어는 일본어로 쓰(항구)와 나미(파도)가 합쳐진 것으로 '항구의 파도'라는 뜻이에요. 쓰나미가 생기면 커다란 벽처럼 높은 파도가 육지로 밀려오고, 해안가로 밀려온 파도는 집 한 채, 심지어 아파트만큼 커질 수도 있어요! 쓰나미는 고속도로를 달리는 자동차보다 열 배 빠른 속도로 이동하며 어마어마한 힘을 품고 있기 때문에 지나치는 모든 것들을 파괴해 버릴 수 있어요.

쓰나미가 다가올 때 할 수 있는 일은 가능한 한 빨리 더 높은 곳으로 가는 것뿐이에요. 많은 나라에서는 사람들이 안전한 곳으로 제때 대피할 수 있도록 쓰나미 경보를 이용합니다. 바다에서 지진이 일어나면 경보를 울려서 사람들이 재빨리 안전한 곳을 찾게 해 주는 거죠.

벨기에, 네덜란드와 맞닿아 있는 북해는 왜 갈색인가요?
북해의 물에 모래, 진흙, 조류, 박테리아 같은 아주 작은 입자가 많기 때문이에요. 해안가 근처의 바닷물 안에는 1리터당 10~300밀리그램의 입자가 들어 있어요. 폭풍이 불어 파도가 높을 때는 갯벌처럼 고운 흙모래까지 모두 물에 뒤섞여 해안가에 밀려옵니다. 이 고운 흙모래들은 프랑스와 벨기에의 해안 그리고 셸드강, 마스강, 라인강에서 온 것들로 해안가 물속에 널리 흩어져 있어요. 날씨가 잠잠할 때는 바다 밑바닥에 조용히 가라앉아 있다가 북해의 파도나 조류가 심해지면 물에 뒤섞여 밀려오지요.

바람은 파도를 만들어요.

지진이나 바닷속 화산 분출은 쓰나미를 일으킬 수 있어요.

수영장의 파도는 어떻게 만드나요?
워터파크 수영장 중에는 파도가 치는 곳이 있는데, 이 파도는 자연 바람으로 생기는 게 아니에요. 수영장 둘레를 따라 설치된 커다란 송풍기로 바람을 만드는데, 송풍기에서 나오는 공기가 물을 밀어내 파도를 만듭니다. 또, 밸브를 이용해 물의 양, 압력 등을 조정해서 파도 종류까지 다양하게 만들기도 합니다.

파도에 가끔 거품이 생기는 이유는 뭔가요?
바다에는 조류라고 불리는 아주 작은 해양 식물이 살고 있어요. 이 조류는 죽으면서 끈적한 물질을 남겨요. 파도가 치면 이 물질이 거품, 즉 포말로 변해요. 파도와 해류는 거품을 해변에서 씻어 내죠.

쓰나미는 어디에서 발생하나요?
쓰나미는 어디에서나 똑같이 자주 발생하지는 않아요. 해저에서 지진이 자주 일어나는 곳일수록 쓰나미의 위험도 더 커져요. 태평양을 둘러싼 지역에서 지진이 자주 발생하기 때문에 쓰나미 역시 그곳에서 자주 일어나고 있지요.

● 고위험
● 위험
● 저위험

댐과 저수지

우리는 종종 강에 여러 개의 댐을 만듭니다. 댐은 물의 흐름을 막는 벽을 세우는 것으로 댐 뒤쪽에 호수가 만들어지지요. 우리는 이 호수를 저수지라고 부릅니다. 저수지 물은 식수나 농사용으로 사용할 수 있어요.

댐은 전기 생산에도 도움이 됩니다. 높은 곳에 있는 저수지에서 아래에 있는 날개바퀴 위로 물을 흘려보내면 바퀴가 돌아가요. 물이 날개바퀴에 전달하는 이 회전력으로 전기를 만들 수 있어요. 이렇게 물을 이용해 만든 에너지를 수력 발전이라고 하지요.

댐에는 단점도 있어요. 댐을 세워 물을 가두게 되면, 그곳이 물에 잠기면서 너른 들판, 심지어 마을 전체가 물속에 사라져 버리기도 합니다. 또, 댐 아래쪽은 예전보다 훨씬 적은 양의 물이 흐르게 되기도 해요. 그러면 그 물을 사용하던 사람이나 강에 사는 동물들에게 문제가 될 수 있지요. 새로운 댐 건설이 계획되면 그 지역 사람들이 종종 반대를 하는 것도 바로 이런 이유 때문이에요.

댐 때문에 사고가 일어나기도 해요. 저수지에 물이 너무 많이 차는 바람에 댐이 망가질 수 있어요. 그러면 어마어마한 양의 물이 쏟아져 내려와 댐 아래에 위치한 마을 전체가 파괴되거나 피해를 입힐 수 있어요. 역사상 가장 끔찍한 댐 사고는 1975년 중국에서 일어났어요. 반차오 댐이 무너지는 바람에 무려 26,000명이 목숨을 잃었죠.

세계에서 가장 유명한 댐은 어디인가요?

세계에서 가장 긴 댐은 인도에 있는 히라쿠드 댐으로, 총 길이가 27 킬로미터입니다. 이외에도 미국의 후버 댐, 이집트의 아스완 댐, 튀르키예의 아타튀르크 댐처럼 유명한 댐이 많이 있어요. 세계에서 전기를 가장 많이 생산하는 댐은 중국 후베이성에 있는 싼샤 댐입니다.

후버 댐

아타튀르크 댐

반차오 댐

인간만이 댐을 만드나요?

자연으로 눈을 돌리면 또 다른 형태의 댐을 발견할 수 있어요. 비버 역시 능숙한 댐 건축가들이거든요. 비버는 늑대나 곰 같은 포식자들로부터 자신을 보호하기 위하여 나뭇가지, 돌멩이, 진흙을 이용해 강물에 댐을 만들어요. 댐을 이용해 강물의 수위를 높여서 포식자들이 자기 집에 못 들어오게 하는 거죠.

비버는 뛰어난 댐 건축가예요.

댐 / 낮은 수위 / 비밀 출입구 / 먹이 먹는 방 / 아기 비버 방 / 높은 수위 / 비밀 출입구

홍수 방지 장벽이란 무엇인가요?

홍수 방지 장벽은 두 지역을 분리해 주는 기다란 댐의 일종으로 물의 수위가 높을 때에도 저지대 땅이 침수되지 않도록 막아 주는 역할을 합니다. 수위가 높아지면 특별한 장벽이 솟아 나와서 장벽 뒤쪽 땅을 보호하는 거지요. 네덜란드의 오래된 어촌 마을 스파켄부르크는 330미터 길이의 홍수 방지 장벽에 완전히 둘러싸여 있어요. 이 장치의 발명가는 네덜란드 예술가 요한 반 덴 노르트로 자신의 고향인 캄펜이 홍수로 위험해지는 걸 보고 아이디어를 떠올렸어요. 덕분에 지금은 전 세계에서 이 장벽을 널리 사용하고 있지요.

낮은 수위 / 높은 수위

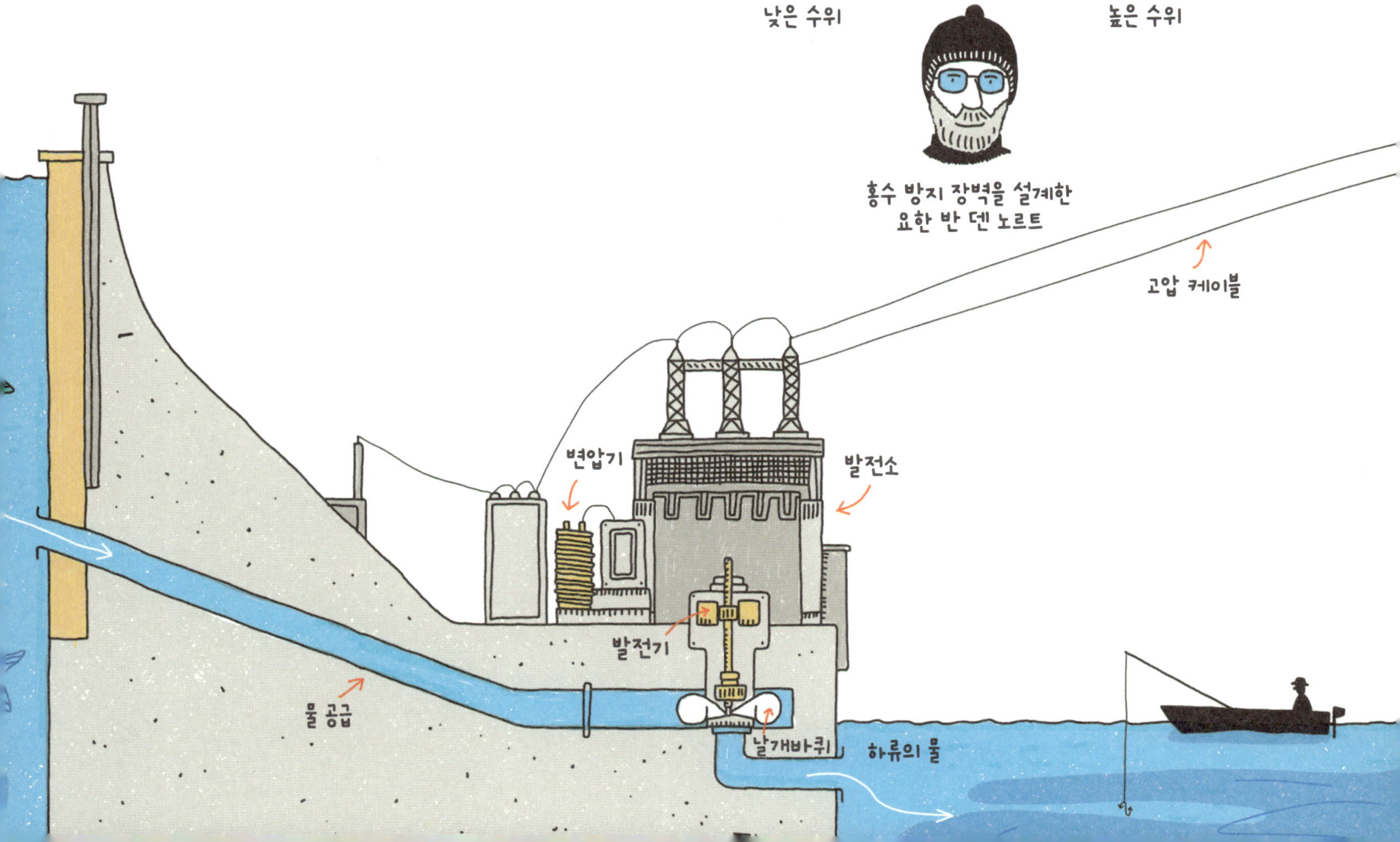

홍수 방지 장벽을 설계한 요한 반 덴 노르트

고압 케이블 / 변압기 / 발전소 / 발전기 / 물 공급 / 날개바퀴 / 하류의 물

물의 미래

지구의 기후가 변화하고 있어요. 사람들이 석탄, 석유, 가스를 태우면서 온실가스를 너무 많이 배출하는 바람에 지구가 점점 더워지고 있죠. 그 열기 때문에 엄청난 양의 얼음과 눈이 녹고 있어요. 녹은 물은 바다로 흘러들어가 해수면을 상승시켜요. 뉴욕시나 마이애미 같은 미국 동부 해안, 방콕이나 상하이 같은 동남아시아의 대도시, 바다로부터 땅을 보호하기 위해 제방을 설치해야 했던 네덜란드 등 낮은 지대에서 사는 사람들에겐 상당히 심각한 문제입니다.

기후 변화는 육지의 물에도 영향을 끼쳐요. 어떤 곳은 더 습해지는 반면 어떤 곳은 더 건조해지고 있거든요. 가끔 좋은 소식도 들리긴 해요. 기후 변화로 몇몇 사막에도 비가 오기 시작했어요. 하지만 대부분의 기후 변화는 문제를 일으키는 경우가 훨씬 많아요. 잦은 홍수 때문에 비가 많이 오던 지역은 더 비가 많이 오고, 비가 너무 안 내리는 건조한 지역은 너무 건조해서 식량을 재배할 물조차도 부족하답니다.

일부 국가에서는 계절에 따라 더 습해지기도 하고 건조해지기도 합니다. 그런 곳은 홍수가 더 잦아지거나 가뭄이 더 길어지는 등 극심한 기후 변화를 겪을 수도 있으니 미리 대비해야 합니다.

오로지 기후만이 물의 미래에 영향을 끼치는 건 아니에요. 세계 곳곳에서 사람들 스스로 물 부족을 일으키고 있습니다. 예를 들어 중국, 인도, 미국의 일부 지역에서는 자연이 저절로 채울 수 있는 양보다 훨씬 많은 지하수를 파내서 써 버리고 있어요. 그런 곳은 물 공급량이 매우 빠르게 감소하고 있죠. 몇 년 안 가 지하수가 완전히 바닥나면 식량 생산에 필요한 물도 부족해질 거예요.

지하수 오염은 왜 큰 문제인가요?

지하수는 땅 밑에서 매우 천천히 움직이기 때문에 인간이 만들어 낸 오염 물질도 아주 오랫동안 물에 남아 있게 돼요. 지하수가 오염되는 원인은 농업 또는 공장 폐수 등 다양해요. 문제는 최신 기술을 이용해도 한 번 오염된 지하수를 완전히 깨끗하게 만들지는 못해 오염 물질이 몇 세대에 걸쳐 물에 남아 있게 되는 거죠. 그러므로 일단 지하수를 오염시키지 않는 것이 중요합니다. 그리고 우리가 쓴 폐수는 자연으로 돌려보내기 전 반드시 적절한 정수 과정을 거쳐야 해요.

빙하가 녹는 걸 왜 걱정해야 할까요?

히말라야나 안데스 같은 전 세계 산악 지역에는 엄청나게 많은 양의 물이 빙하와 눈의 형태로 저장되어 있어요. 빙하가 녹은 물은 강으로 흘러가고 사람들은 이 물을 이용합니다. 문제는 빙하가 너무 빠르게 녹고 있다는 거예요. 만약 빙하가 모두 녹으면 사람들은 더 이상 예전과 같은 양의 강물을 이용할 수 없게 될 거예요.

기후는 어떻게 예측할 수 있나요?

학자들은 기후 변화를 알기 위해 앞으로 100년 동안에 걸쳐 특정 장소의 날씨를 예측해 보고 있습니다. 하지만 이건 간단한 일이 아니에요. 실제로 다음 주의 날씨를 예측하는 것도 쉽지가 않아 안타깝게도 기상 예보관들도 실수를 할 때가 있거든요. 우리는 미래의 날씨를 예측하기 위하여 수많은 계산 방법을 개발해 왔어요. '수가 많은 것이 안전하다'라는 말이 있는 것처럼 우리는 이 모든 기후 계산 모델을 다 결합하여 기후를 예측합니다. 이렇게 하면 계산과 정확히 일치하는 곳이 어디인지, 다른 결과가 나오는 것은 어디인지 알 수 있고, 이 예측이 확실한지 아닌지도 분명하게 알 수 있어요. 이렇게 측정되는 기후 변화의 정도가 항상 정확한 것은 아니지만, 인간이 이전에 볼 수 없었던 큰 변화를 일으키고 있다는 것은 분명합니다.

물을 아끼려면 어떻게 해야 할까요?

목욕 대신 짧게 샤워를 하거나, 목욕물이 생기면 가족들이 같이 사용해요.

변기 물을 내릴 때 목욕물이나 샤워한 물을 이용해요. 양동이를 사용하면 된답니다.

야외 수영장에 들어가기 전에는 발을 깨끗이 씻어요.

새 옷 대신 중고 의류를 사도록 노력해요.

따뜻한 물이 나올 때까지 기다릴 때, 찬물을 그냥 흘려보내지 말고 모은 다음 다른 곳에 사용하세요.

마당에서 키우는 식물에 물을 줄 때는 호스 대신 물뿌리개를 사용하세요. 그러면 물 낭비 없이 물을 줄 수 있어요.

육류 생산에는 물이 많이 필요해요. 가끔은 채식을 해 보세요.

채소를 씻거나 다른 부엌일에 쓴 물을 모아두었다가 마당 청소 등 다른 곳에 사용하세요.

물이 새는 수도꼭지나 파이프는 당장 수리해요.

빗물을 모았다가 변기, 세탁기, 마당에 사용하세요. 식수로는 사용하지 말고요.

절수형 샤워기, 절수형 수도꼭지, 절수형 식기세척기처럼 물이 절약되는 가정용품을 사용하세요.

건조하다고 바로 풀밭에 물을 줄 필요는 없어요. 풀은 잠시 누렇게 변해도 다음에 비가 오면 다시 초록색으로 돌아올 테니까요.

변기를 사용할 때 소변용과 대변용 물을 구분해서 내려요.

이를 닦을 때는 수도꼭지를 잠가요.

쓸데없는 설거지를 만들지 않도록 하루 종일 같은 컵을 사용해요.

용어 사전

가상수 • 40
눈에 보이진 않지만 제품을 생산하고 유통하는 전 과정에서 사용되는 물을 말합니다.

간척지 • 19
바다나 호수 등을 둘러막고 물을 빼내어 만든 땅을 말해요.

간헐천 • 19
일정한 간격을 두고 뜨거운 물이나 수증기를 뿜었다가 멎었다가 하는 온천을 말해요. 화산 활동이 있는 곳에서 많이 나타나지요.

관개 • 18, 38
오랫동안 비가 오지 않으면 농부들은 비만 기다리고 있을 수가 없어요. 직접 농작물에 물을 줘야 하고, 우린 이걸 관개라고 부릅니다. 물을 주는 방법은 다양해요. 아예 논이나 밭에 물을 채워 넣거나 스프링클러로 뿌리거나 관개용 관을 만들어 도움을 받을 수 있어요.

광합성 • 42
식물은 음식을 먹지 않아도 햇빛을 이용하여 살아가는 데 필요한 양분을 스스로 만들 수 있어요. 이렇게 식물이 햇빛을 이용해 양분을 스스로 만드는 과정을 광합성이라고 하지요. 즉, 광합성은 식물이 햇빛을 이용해 물(H_2O)과 이산화탄소(CO_2)를 산소(O_2)와 양분(당)으로 만드는 과정이에요.

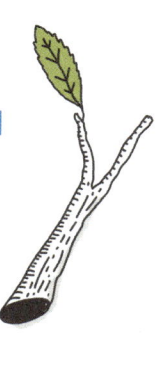

기압 • 14
기압은 공기가 누르는 힘을 말하는데, 기압을 측정하면 공기가 우리와 우리 주변을 내리누르기 위해 얼마나 큰

힘을 사용하는지 알 수 있어요. 공중으로 높이 올라갈수록 기압은 점점 작아지지요.

기화 • 15
액체가 기체로 변하는 현상을 말해요. 물이 수증기로 증발하는 것은 기화가 일어나는 경우 중 하나이지요.

기후 변화 • 38, 56
기후는 변화할 수 있어요. 그 변화는 자연스레 생길 수도 있고 인간의 활동 때문에 생길 수도 있어요. 인간은 석유와 가스를 태워 공기 중에 아주 많은 이산화탄소를 배출하여 기후를 변화시키고 있어요. 지나치게 많은 이산화탄소가 지구 온난화를 일으키는 연쇄 반응을 시작시킨 거죠.

냉각 • 25
식혀서 차갑게 만드는 것을 말해요. 액체 상태의 물을 냉각시키면, 고체 상태의 얼음이 되지요.

담수 • 12, 14, 16
강이나 호수 등과 같이 염분이 없는 물을 말해요.

등고선 • 48
바다의 수면을 기준으로 높이가 같은 곳들을 선으로 이은 것이에요. 등고선을 통해 땅의 높낮이를 알 수 있어요.

물발자국 • 40
어떤 제품의 물발자국은 해당 제품을 만들고 사용하고

폐기하는 모든 과정에서 필요한 모든 물의 총량입니다.
생산 과정에 사용한 물뿐만 아니라, 그 과정에서 오염된
물, 소비 과정에서 사용된 물까지 모두 포함되지요.

블라디미르 쾨펜의 5가지 기후 • 24~25
A 열대 기후: 일 년 내내 매우 덥고 비가 많이 내리는
지방의 기후를 말해요. 보통 저위도 지방에서 나타나고
제일 기온이 낮은 달의 평균 기온이 18℃ 이상이에요.

B 건조 기후: 비 오는 양이 자연으로 증발하는 양보다 적은
지방의 기후를 말해요. 건조 기후 지역은 연 강수량이
500mm 미만이고 기온의 일교차가 매우 커요.

C 온대 기후: 사계절의 변화가 뚜렷한 중위도 지역에서
나타나요. 일년 중 가장 추운 달의 평균 기온이
-3~18℃이고, 연 강수량은 500mm 이상이에요. 계절에
따라 기온 변화가 뚜렷해서 기온의 연교차가 크지요.

D 냉대 기후: 온대 기후와 한대 기후 사이에 나타나는
기후로, 겨울은 춥고 여름은 따뜻해 기온의 연교차가 커요.
사계절이 나타나지만, 온대 기후보다 겨울이 더 길고
추우며 여름은 짧고 비교적 따뜻해 풀과 나무가 잘 자라요.

E 한대 기후: 추운 지역의 기후를 한대 기후라고 해요.
고위도 지방에서 주로 볼 수 있는 기후로 제일 따뜻한 달의
평균 기온이 10℃ 미만이어서 나무가 자랄 수 없는
기후예요.

비그늘 • 25
산맥이 습한 바닷바람을 가로막아 비가 내리지 않는
지역을 비그늘이라고 해요. 습한 공기는 산을 만나면 점차
위로 상승하다가 비를 뿌려요. 한편 비를 뿌리고 난 공기는
건조한 채로 산을 넘어가게 돼요. 이렇게 비가 적게 내리는
반대쪽이 비그늘이죠.

빅뱅 • 11
우주는 약 138억 년 전 대폭발로 태어났어요. 이후 우주는
팽창하면서 부피가 커졌고, 물질이 만들어지며 현재에
이르렀어요. 이것이 '빅뱅 이론'으로 설명되는 우주 탄생
과정이에요.

빙하 • 57
빙하는 수백 년에서 수천 년 동안 눈이
쌓여서 생겨요. 겨울에 내린 눈의
양이 여름에 녹은 눈의 양보다
많으면 눈이 계속 쌓여서
얼음덩어리로 변하며 자체 무게로
압력을 받아 지형이 낮은 곳으로
이동하지요.

빙하기 • 11
지질 시대에서 지구의 기온이 현재보다 5~10℃ 정도
낮았던 기간을 말해요. 지구의 기온은 수백만 년에 거쳐
변해 왔는데, 이런 주기적 변화는 대륙에 막대한 양의
빙하를 축적시켜 '빙하기'라 불리는 시기를 만들었지요.

생물 다양성 • 44
생물들은 각기 다른 모습, 다른 방식으로 살지만 서로
먹이사슬 등으로 연결돼 생태계를 유지하고 있어요. 이
생태계 안에서 조화롭게 어울려 사는 생물들을 통틀어

'생물 다양성'이라고 해요.

수증기 • 14, 16, 25
수증기는 기체 상태의 물을 말해요. 수증기는 색깔과 냄새가 없고, 무게가 가벼워서 공기 중에 섞여 있어요.

승화 • 15
고체 상태의 물(얼음)이 액체 상태로 변하지 않고 바로 수증기로 변하거나 그 반대로 변하는 현상이에요.

쓰나미 • 52, 53
바닷가에 밀려오는 높고 큰 파도는 육지로 바닷물이 넘쳐 들어오는 해일을 일으켜요. 해일은 바닷속에서 지진이 일어나거나 화산이 폭발하여 생기기도 하고, 태풍처럼 적도 근처에서 만들어지는 거대한 폭풍이 바다 위에서 일어날 때 생기기도 하지요. 바닷속 지진 때문에 생기는 해일을 '지진성 해일' 또는 '쓰나미'라고 불러요.

액화 • 15
기체 상태의 물질이 액체 상태의 물로 변하는 현상이에요.

열대 우림 • 44
일 년 내내 기온이 높고 비가 많은 적도 부근의 열대 지방에서 발달하는 삼림이에요.

열수분출공 • 12
지하에서 뜨거운 물이 솟아 나오는 구멍을 말해요. 육상과 해저에 모두 존재하지요.

온실가스 • 56
지구 대기를 오염시켜 온실 효과를 일으키는 가스예요. 온실가스로는 이산화탄소, 메탄, 이산화질소, 프레온, 오존 등이 있어요. 석유, 석탄 등 화석 연료의 사용이

많아지면서 온실가스의 배출이 증가하게 되었어요.

융해 • 15
고체 상태의 물(얼음)이 액체 상태의 물로 변하는 현상이에요. 일상생활에서 흔히 볼 수 있는 융해 현상에는 아이스크림, 초콜릿, 촛농이 녹는 것 등이 있어요.

응결 • 14, 15, 17
응결은 기체인 수증기가 액체인 물이 되는 현상을 말해요. 기상 현상에서는 이슬, 안개, 구름 등이 응결과 관련이 있어요.

응고 • 15
액체가 고체로 변하는 현상을 말해요. 물이 얼어 얼음이 되는 것은 응고가 일어나는 대표적인 경우 중 하나이지요.

자유면 대수층 • 21
지표에서 가장 가까운 불투수층(물을 통과시키지 않는 지층)과 지표 사이에 있는 대수층을 말하는데, 대수층은 지표 아래쪽 지하수로 지하수 개발 대상이 되는 층이에요.

저수지 • 54
강에 댐을 만들면 높은 벽 때문에 물이 가로막혀요. 그러면 댐 위쪽으로 호수가 생기는데, 이 호수를 저수지라고 부르지요.

조수 • 13
바다가 때론 가까이 다가왔다가 멀리 물러나요. 이런 움직임이 바로 조수예요. 이런 현상은 지구 주변을 도는 달이 바닷물을 끌어당기기 때문에 생겨요. 바닷물이 높아졌을 때는 만조, 낮아졌을 때는 간조라고 합니다. 태양 역시 지구의 물을 끌어당겨요. 태양과 물이 같은 방향에서 바닷물을 끌어당길 때를 사리라고 해요.

증발 • 10, 16, 17, 30, 42
액체의 표면에서 액체가 기체로 변하는 현상을 말해요. 액체인 물이 증발하면 기체인 수증기로 변해 우리 눈에는 보이지 않게 되지요. 이때, 증발한 물은 사라지는 것이 아니라 공기 중으로 날아가는 것입니다.

증산 • 16
식물이 뿌리를 통해 땅에서 빨아들인 물은 잎을 통해 공기 중으로 배출돼요. 이 과정을 증산이라고 해요.

지질도 • 22
어떤 지역에 있는 암석의 종류와 시대에 따른 분포, 지질 구조, 광산의 위치, 화석 산지 등을 나타낸 지도를 말해요.

지표수 • 18, 34
지구 지표에 있는 모든 물. 하천, 호수, 운하, 해양 등의 물을 통틀어 이르는 말이에요.

지하수 • 16, 20, 22, 34, 50, 56
땅속의 토사·암석 등의 빈틈을 채우고 있는 물을 말해요. 빗물이 땅속에 스며들어 고인 것으로 지표수보다 무기 성분이 많고 산소의 함량이 적으며, 음료수나 관개·공업용수 등으로 이용하지요.

초대륙 • 11
현재의 대륙들이 하나의 커다란 대륙을 이루던 때를 이르는 말이에요. 가장 최근의 초대륙은 판게아였으며, 약 3억 년 전에 형성되었다가 대륙 이동에 의해 지금의 대륙 분포로 분리되었다고 해요.

침투 • 16
빗물이 땅속으로 사라지는 과정을 침투라고 불러요.

파타 모르가나 • 47
온도차가 많이 나는 두 공기층이 만나면 공기가 거울과 같은 역할을 합니다. 보통 공기가 반사되면 멀리 물웅덩이가 있는 것처럼 보여요. 하지만 사실은 그저 하늘이 반사된 것일 뿐이랍니다.

피압층 • 21
하나 이상의 대수층에 붙어 있는 상대적으로 물을 통과시키는 성질이 낮은 수평 지층이에요.

피압 대수층 • 21
비교적 불투수성인 두 암석층 사이에 끼어서 큰 압력을 받고 있는 대수층을 말해요.

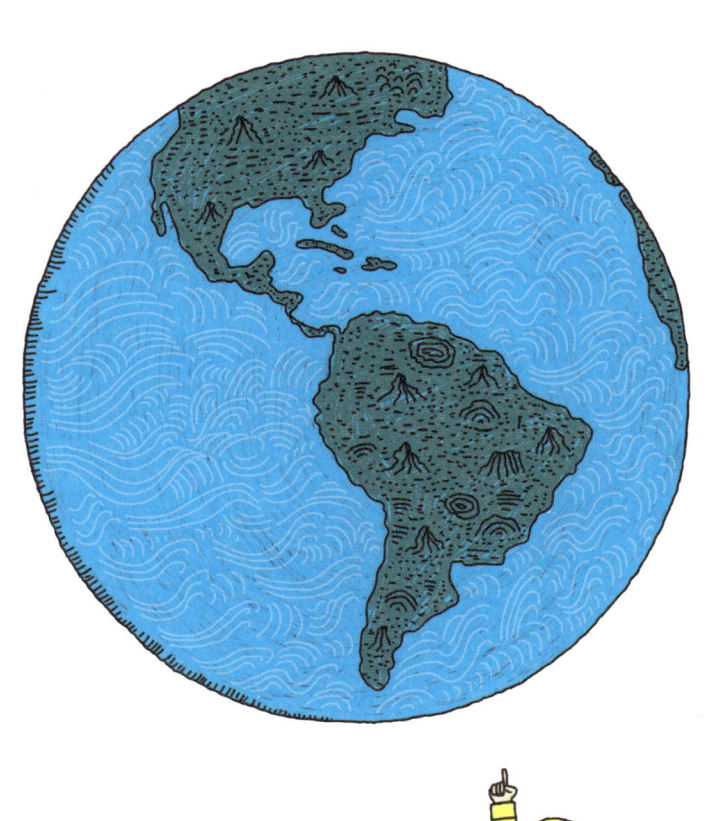